医药高等职业教育公共基础课程规划教材

应用文写作

（供医药类各专业使用）

主　编　梁建青　郑宏萍
副主编　吕绍玖　王莹雪　叶雅风　于雪梅
编　者　（以姓氏笔画为序）
于雪梅（辽宁医药职业学院）
王莹雪（重庆三峡医药高等专科学校）
叶雅风（福建生物工程职业技术学院）
吕绍玖（皖西卫生职业学院）
刘红霞（重庆三峡医药高等专科学校）
郑宏萍（安徽中医药高等专科学校）
胡皓月（长春医学高等专科学校）
梁建青（重庆三峡医药高等专科学校）
潘婷立（重庆医药高等专科学校）

中国健康传媒集团
中国医药科技出版社

内 容 提 要

本书是“医药高等职业教育公共基础课程规划教材”之一，系根据本套教材的编写指导思想和原则要求，结合专业培养目标和本课程的教学目标、内容与任务要求编写而成。内容涵盖应用文的发展沿革、概述、特点、分类、作用和写作基础；各类文书的概念、分类、特点、结构、写作注意事项等，具体分为公务文书（公告、通告、通知、通报、报告、请示、批复、函），事务文书（求职信、调查报告、计划、总结、会议记录、简报），宣传文书（广播稿、消息、通讯），经济文书（招标书、投标书、合同、医药说明书）。

本教材为书网融合教材，即纸质教材有机融合电子教材、教学配套资源（PPT、微课、视频、图片等）、题库系统、数字化教学服务（在线教学、在线作业、在线考试）。

本教材主要供医药类各专业教学使用，也可作为相关专业的培训和继续教育教材使用。

图书在版编目（CIP）数据

应用文写作/梁建青，郑宏萍主编．—北京：中国医药科技出版社，2020.12

医药高等职业教育公共基础课程规划教材

ISBN 978－7－5214－2139－2

Ⅰ.①应…　Ⅱ.①梁…　②郑…　Ⅲ.①汉语－应用文－写作－高等职业教育－教材　Ⅳ.①H152.3

中国版本图书馆 CIP 数据核字（2020）第 237097 号

美术编辑　陈君杞

版式设计　友全图文

出版　**中国健康传媒集团**｜中国医药科技出版社

地址　北京市海淀区文慧园北路甲 22 号

邮编　100082

电话　发行：010－62227427　邮购：010－62236938

网址　www.cmstp.com

规格　889×1194 mm 1/16

印张　11

字数　280 千字

版次　2020 年 12 月第 1 版

印次　2020 年 12 月第 1 次印刷

印刷　北京市密东印刷有限公司

经销　全国各地新华书店

书号　ISBN 978－7－5214－2139－2

定价　39.00 元

出版说明

为深入贯彻《现代职业教育体系建设规划（2014—2020 年）》以及《医药卫生中长期人才发展规划（2011—2020 年）》文件的精神，满足高职高专医药院校公共基础课程培养目标的要求，不断提升人才培养水平和教育教学质量，在教育部、国家卫生健康委员会及国家药品监督管理局的领导和指导下，在本套教材建设指导委员会专家的指导和顶层设计下，中国医药科技出版社有限公司组织全国 30 余所高职高专院校及附属医疗机构近 120 名专家、教师精心编撰了医药高等职业教育公共基础课程规划教材，该套教材即将付梓出版。

本套教材共包括 12 门，主要供全国高等职业教育医药类院校各专业教学使用。

本套教材定位清晰、特色鲜明，主要体现在以下方面。

一、遵循教材编写的基本规律

本套教材编写遵循“三基、五性、三特定”的基本规律。基本理论和基本知识以“必需、够用”为度，兼顾学生终身学习能力的培养。公共基础课程是专业基础课程的基础，应该注意衔接专业基础课程教学的需要。但也注意把握好教材内容的深度和广度，不能要求大而全，以适应全国高等职业教育的需要为度，适当反映学科的新进展。

在保证教材思想性和科学性的基础上，特别强调教材的适用性与先进性。考虑到高等职业教育模式发展中的多样性，在教材的编写过程中，保障学生具备专业教学标准要求的知识和技能，适当兼顾不同院校学生的要求，以保证教材的适用性。教材的基本理论知识（如概念、名词术语等）应避免陈旧过时，要注意吐故纳新，做到科学先进，不陈旧，跟上学科发展步伐，保证内容的科学性和先进性。同时，教材应融传授知识、培养能力、提高素质为一体，重视培养学生的创新、获取信息及终身学习的能力，突出教材的启发性。

二、满足人才培养需要

教材编写应以专业培养目标为导向，满足 3 个需要（岗位需要、学教需要、社会需要）。这是编写本套教材的重要原则。

1. 岗位需要 是指教材编写应满足工作岗位所需的知识、技能、素质、心理等要求，有利于学生形成科学的思维和学习方法。

2. 学教需要 是指教材编写有利于学生学和教师教，符合学生的认知特点和教学规律。

3. 社会需要 是指教材编写应能够满足社会对学生知识和技能的要求、人文素质要求，使学生不仅能满足当前社会的要求，还具备一定的可持续发展潜力。

三、体现职教特色

高职高专教材不应该是本科教材的缩略版，应该体现职业教育的特色。

1. 以就业为导向，突出实用 高等职业教育培养的是技术技能型人才，不强调人才具有多么高的理论修养和渊博的知识，一切以生产岗位对人才能力的需求为中心，基础课程要突出素质要求，重点培养学生在岗位中必备的身体、心理、人文的素质。

2. 加强人文素养，全面提高学科素质 公共基础课程教材在强调实用的同时，也不能否定课程本身的属性和功能。公共基础课程不单是学习其他课程的基础，也是引导学生自身向高层次发展的基础，更是走向社会生活的基础。教材不仅要培养学生掌握相关的知识，还要引导学生的思想认识、道德修养、文化品位和审美情趣，注重创造力的培养，提高学生的整体素质。

3. 培养自学能力，提高职业能力 终身教育、继续教育已逐渐成为国际公认的教育理念。不会自学，就不会有自我发展和创造能力。教材是教本，教材的编写应注重把学生的自学能力培养起来，教材编写注重让学生触类旁通，举一反三，掌握学习方法，养成自学习惯。

四、多媒融合配套增值服务

纸质教材与数字教材融合，提供给师生多种形式的教学共享资源，以满足教学的需要。本套教材在纸质教材建设过程中增加书网融合内容，此外，还搭建与纸质教材配套的“在线学习平台”，增加网络增值服务内容（如课程 PPT、试题、视频、动画等），使教材内容更加生动化、形象化。

编写出版本套高质量教材，得到了全国知名专家的精心指导和各有关院校领导与编者的大力支持，在此一并表示衷心感谢。出版发行本套教材，希望受到广大师生欢迎，并在教学中积极使用本套教材，提出宝贵意见，以便修订完善，共同打造精品教材。

医药高等职业教育公共基础课程规划教材

建设指导委员会

医药高等职业教育公共基础课程规划教材

评审委员会

数字化教材编委会

主　编　梁建青　郑宏萍

副主编　吕绍玖　王莹雪　叶雅风　于雪梅

编　者　（以姓氏笔画为序）

于雪梅（辽宁医药职业学院）

王莹雪（重庆三峡医药高等专科学校）

叶雅风（福建生物工程职业技术学院）

吕绍玖（皖西卫生职业学院）

刘红霞（重庆三峡医药高等专科学校）

郑宏萍（安徽中医药高等专科学校）

胡皓月（长春医学高等专科学校）

梁建青（重庆三峡医药高等专科学校）

潘婷立（重庆医药高等专科学校）

前言

应用文是管理手段和思维的载体，是人类社会中重要的交流形式之一。应用文写作能力与个人的职业发展紧密关联。能根据工作需要撰写相应的应用文，是每一个接受高等职业教育的学生必备的岗位技能之一，而优秀的应用文写作能力也是在行业中具有个人竞争力的关键因素。为深入贯彻《现代职业教育体系建设规划（2014—2020年）》等文件精神，满足高职高专院校应用文写作公共基础课程培养目标的要求，不断提升高职高专医药类专业教育教学质量和人才培养水平，同时积极落实高等卫生职业教育改革发展的最新成果，特创新编写模式，编写《应用文写作》作为“医药高等职业教育公共基础课程规划教材”之一。

应用文写作课程是高等职业院校医药类专业普遍开设的一门公共基础课程，具有很强的综合性和实践性。本课程以常用的公务文书、事务文书、宣传文书、经济文书等文种的文体知识和写作技巧为主要教学内容，通过案例分析和写作训练，激发学生的自主学习潜能，提升学生应用文写作的技能，为学生职业生涯的可持续发展蓄蕴能量，为培养高素质技能型高职医药卫生人才奠定良好的人文基础。

本教材的编写严格遵循“三基、五性、三特定”的基本规律，内容的选取以专业培养目标为导向，坚持满足岗位、学教、社会需要的原则，以“必需、够用”为度，并适当扩展，注重学生终身学习能力的培养。本教材有以下特点。

一是结构严谨、实用性强。本教材精选医药类高职学生未来工作岗位中常用的应用文种，每个文种均以“案例讨论”导入，按照概述、类型、特点、写法、写作注意事项、例文共6个部分进行介绍，中间穿插知识链接和知识拓展，并在每章末设置图表式要点小结，对重点知识进行巩固。可同时满足教师教学和学生自主学习的需求，也可作为在职培训用书，具有很强的实用性。

二是德能并重、紧贴岗位需求。本教材严格遵循职业教育教学和人才培养规律，以就业为导向，以能力为本位，融知识传授、能力培养、技能提高、素质提升为一体，注重职业人德能并重、知行合一以及职业精神的培养。针对医药类高职学生未来岗位特点，尽可能选用最新的、与医药行业相关的、体现崇高职业精神的案例和例文，具有较强的关联性和引导性。

三是“书网融合”、特色鲜明。本教材除了传统纸媒教材外，还配套有相应的数字化资源（如课程PPT、习题库、微课视频等），作为线上学习之用，使教材内容更加丰富、生动、形象，更利于高职学生接受。

本教材由梁建青、郑宏萍担任主编，包括应用文概述、公务文书、事务文书、宣传文书、经济文书共五章22节，编写分工如下：第一章第一节和第三章第二节由吕绍玖编写；第一章第二节、第三节和第五章第三节由刘红霞编写；第一章第四节、第二章第三节和第四章第一节由王莹雪编写；第二章第一节、第二节和第五章第一节由梁建青编写；第二章第四节和第五章第二节由于雪梅编写；第二章第五节和第七节由叶雅风编写；第二章第六节和第三章第三节、第四节由胡皓月编写；第三章第一节、第五节由郑宏萍编写；第四章第二节、第三节由潘婷立编写。

本教材在编写过程中参考了部分国内相关教材、书刊及网站资料。在此，对以上所有相关编者和作者致以最诚挚的谢意！书中若存在疏漏、不足之处，敬请广大读者及同行专家批评指正！

编　者

2020年9月

目录

第一章　应用文概述

学习目标

知识目标

1. 掌握　我国应用文发展沿革的几个重要阶段及其特点；应用文的概念、特点、作用；应用文主题、语言的要求。

2. 熟悉　应用文写作的基本要素构成。

3. 了解　应用文的历史渊源及其产生发展过程；应用文的分类；应用文的材料、结构、表达方式的要求。

技能目标

具备正确使用应用文语言的能力。

第一节　应用文的发展沿革

PPT

案例讨论

【案例】 某学校举办文化艺术节活动，文学艺术社准备以诸葛亮的《出师表》为蓝本扩展，演一部情景剧。为求演出生动逼真，剧情中设计了刘备对《出师表》作出回应的应用文。大家集思广益，广泛参阅资料，参与到这份符合文体和时代特色的应用文稿的创作中。

【讨论】 1. 你知道应该用什么应用文体吗？

2. 你知道应用文在我国经历了怎样的发展与变革吗？

3. 学习应用文写作知识对医学生的成长有什么意义？

微课

一、我国应用文的起源

应用文是人类在长期的社会实践活动中形成的一种文体，是人们用来传递信息、处理事务、交流经验的工具。应用文是人类社会发展到一定阶段的产物，当口耳相传已无法满足人类群体活动中交流、协调、组织、指挥等的需要时，应用文也就应运而生了。纵观人类社会的发展历程，体力劳动与脑力劳动的分工，保证了一部分社会成员专门从事精神生产；文字的出现，为文章的产生提供了物质媒介；思维能力的发展，使人们对事物的表述呈现出连贯性和规则性；书写工具的产生，使文章具有物态化形式；国家的运转，需要借助文书这一文字工具进行管理。这些都是促成应用文产生的重要条件。

在中国，应用文的发展历史源远流长。从史籍记载看，应用文的产生较之其他文体要早得多。《尚书·序》中有“古者伏羲氏之王天下也，始画八卦、造书契，以代结绳之政，由是文籍生焉”，这里说的“书契”和“文籍”就是原始的应用文。奴隶制社会确立之后，统治阶级就开始用文字来记录国家的重大活动，如祭祀、战争、赏赐、惩戒、颁布法典等，或用来传达奴隶主的命令。他们将这些文字刻在甲骨、钟鼎等材料上，从而形成各种文字记录，这就是我国最早的公务文书。殷墟出土甲骨上所书写的“卜辞”（距今约 3000 年），即是一种应用文。由此可见，我国现存最早的汉字——甲骨文，是作为应用文的载体出现的。

起源时期的应用文，其内容多为会议纪实、谈话记录、宣言、命令、卜辞、卦辞等。先秦的《尚书》是我国现存最早的一部应用文专集，它记载了虞、夏、商、周四代的部分文件、训令、誓词以及一些历史事迹。如《尚书·尧典》中就有尧帝召集四岳会议商议治水的记录和尧帝让位的记录。《尚书》以记言为主，初步形成了篇章的形式，有着较为完整的结构，尽管其文辞仍简约，但与甲骨刻辞、钟鼎铭文相比已有一定进步。这一时期的应用文没有固定的格式，内容简单，文字量少，篇幅较短，还未形成独立的应用文体式。晚于《尚书》的，还有一部古代应用文汇编——《周礼》，又名《礼记》，是战国中叶的作品，汇编了周王室和战国时期各国的制度，也属于应用文萌芽期的作品。

知识链接

“应用文”一词

应用文的发展由来已久，可以说有了文字就有了应用文的写作。随着最初的占卜、告辞、檄文、奏章、书信等的发展，应用文写作逐渐进入了萌生时期，并且其发展和社会各历史阶段的发展相辅相成。直到宋代，苏轼在《答刘巨济书》一文中，书“向在科场时，不得已作应用文，不幸为人传写，深可羞愧”，才最早出现“应用文”一词。应用文是应用写作的成品，清代的刘熙载在《艺概·文概》中最早将“应用文”作为一个概念单独提出。而我国历史上第一部论及应用文写作规律的著述是《文心雕龙》。

二、我国古代应用文的演进

在历史的各个时期，应用文都曾对社会发展起过重要的作用，其满足着人类生产、生活和日益扩大的交际需要并不断发展、演进，因此历百代而不衰，流传至今。应用文在数千年的发展演变中，良莠杂存、精芜并见，但经过人们的不断筛选，其文体日臻完美。后来的很多优秀篇章，其实用性和艺术性浑然一体，以独特的风格在文章史上熠熠生辉，并成为脍炙人口的传世之作，也为促成我国应用文体的许多优秀传统奠定了基础。从应用文的发展历史来看，我国古代应用文的发展大致经历了如下几个阶段。

（一）秦汉、南北朝时期

秦、汉两代是我国应用文发展、成熟的重要时期。

秦一统中国，加强了中央集权，统一了汉字，并实现了“书同文”，各类实用公文也大量涌现，对应用文的发展起到了推动作用。秦代李斯等人制定了公文程式，至此，我国第一次统一规定了应用文的文种：皇帝要用“制”“诏”等公文号令天下、训诫臣子，而各类官员要用“章”“表”等公文向皇帝奏事。此外，国家对于各类应用文的格式均有要求，首次规定了上行文和下行文的体式，公文文体的分类制度得以确立，并逐步建立起我国早期的文书制度。

在秦代的基础上，汉代应用文的文种划分又有了较大的发展。汉承秦制，把皇帝对臣下的文书定为制、诏、敕、策四种；臣对君的文书定为章、奏、表、议四种。不仅文种增加了，而且各文种的分工和要求越来越明确，形式也随之越来越完备、固定。在公文发展的同时，民间的契约、书信等类型的应用文也随着社会经济和人际关系的发展而不断完善。之后历代的文种沿革都是在秦汉文种的基础上进行增删、变化，如魏晋南北朝时期，北朝的北周把“制”改为“天制”、“敕”改为“天敕”，还增加了“令”和“符”两种针对不同行文对象的下行文；三国时期增加“启”这种上行文等。

秦汉时期，应用文特别是公务文书的格式、用语发生了很大的变化，体现了上下等级森严、职责分明的封建等级制度的特点。首先是区分行文关系，明确规定了上行和下行的文种；其次，确立了公文的避讳制度和抬头制度，规定行文中凡遇到皇帝之名，包括其同音字都要回避，凡遇到本朝代名、帝号或与皇帝言行有关的字如制、旨等，都要换行顶格书写；规定自称时必须使用谦辞，撰写上行文时，文章的开头和结尾一般都要有表示谦恭语气的惯用语，如开头称“臣某言”“臣昧死以言”，结尾一般说“稽首上述书恩陈某”“谨奉表以闻，陈某诚惶诚恐”等。另外，先秦用印，不论君王与百官，都可以称之为“玺”，而到秦始皇执政时，“玺”被定为皇帝印章的专称，百官之印只能称“印”或“章”，且之后的各个朝代都继承并发展了这种制度。

魏晋南北朝时期是应用文发展的自觉时期。这一时期，应用文有了进一步的发展，撰写文章有了“文”和“笔”之分。“文”是指辞赋文章，注重情辞声韵；“笔”是指公文和其他应用文，直陈其事，且有一定格式，以实用为本。二者的区分，表明公文已成为一种正式的独立文体。此外，这一时期的应用文文种也有所增加和变化，出现了启、笺、符、帖、牒、关等新的公文文种，涌现出曹操《让县自明本志令》、嵇康《与山巨源绝交书》、李密《陈情表》、王羲之《与桓温笺》等众多优秀的应用文。

（二）唐宋时期

唐宋时期是我国封建社会的繁盛时期，也是应用文已发展到比较完备的时期。在这一时期，文学创作日趋发展，不少文人致力于诗、词、曲和小说的创作，但应用文写作仍处于“政务之先务”的主导地位。根据政权的需要，应用文还被列为国家科举考试的主要科目之一。国家对应用文的格式做了严格的规定，形成了一系列的制度，包括一文一事制度、公文用纸制度、公文折叠制度、公文拟制与誊写制度、公文贴黄制度、公文编号制度等，并为后世所承袭。另外，公文文种名称也发生了一些变化，下行文有册书、制书、慰劳制书、发敕、论事敕书、敕牒御礼、诰命等，上行文有奏钞、奏弹、露布、议、表、状等，平行文有移、咨等；此外，还有一种君主用以答复臣下奏疏的“批”，又称批答，后世所常用的批复就是由此发展而来的。到了宋代，国家不仅对公文首末用语、避讳等做了严格的规定，而且对书写文字的大小、每行的字数、年月、件数等细节都做了详细的规定。

唐宋时期的应用文体类别更加繁多，且分类更加精细。北宋的姚铉在《唐文粹》中将文体分为22类316小类，分古赋九、诗十三、颂五、赞二、表奏书疏七、文四、论五、议四、古文八、碑十七、铭五、记七、箴诫铭一、书十二、序八、传录纪事二。其中的绝大多数都属于应用文体，比如“碑类”，其按内容可分为祠庙类、圣帝类、先圣类、大儒类、神异类、高世类、义士类、忠烈类、忠臣类、纯臣类、烈女类、古迹类、土风类、遗爱类、贞义类、奸雄类、英杰类、公主类、宰辅类、太庙类等。南宋吕祖谦的《宋文鉴》共150卷，将文体分为59类，其中大多数也是应用文体。

（三）明清时期

明清时期是我国封建时代中应用文由稳定发展逐渐转向没落的时期。这一时期，应用文的名目空前繁多，下行文有诏、诰、制、敕、册、谕、书、符、令、檄等，上行文有题、奏、表、启、章、书状、文册、揭、制对、露布、译、事本等，平行文有咨、关、牌等。清代应用文的文种基本沿袭了明代，而康熙年间由告密发展而来的奏折，成了呈递给皇帝的上行文的主要文种，其他文种有的衰退，有的废止。

这一时期的应用文写作队伍相比之前更加庞大。除中央秘书机构和政府官员外，各级各部门都有大量的文职人员从事公文写作。随着社会交流的日益频繁和经济、文化的发展，更多的人加入了私务文书、经济文书、法律文书等应用文写作的队伍，其间名家辈出，佳作如云。另外，明清时期的文书制度更加系统、严密，且有一定创新，其中，公文的审核、运行、稽查、催办、处理、保密等制度多为后世所借鉴。

三、我国古代应用文理论研究

写作是一种精神创作活动。人们一般将文学作品的写作称为创作，而文学作品的创作又被称为艺术创造。然而，在写作层面上，应用文可以说既不是文学创作，又不是艺术创造。从本质上讲，它应当属于制作，是一种程式化操作语言文字的成文制作。

随着应用文体的不断革新，应用文种类日趋繁多、形式更加多样。中国许多优秀的古典散文，如先秦时期李斯的《谏逐客书》、汉代晁错的《论贵粟疏》、三国时期诸葛亮的《出师表》，唐宋时期韩愈的《祭十二郎文》、欧阳修的《答吴充秀才书》、王安石的《答司马谏议书》等，实际上也是应用文，只因作品的主观感情色彩比较浓重，且较多运用抒情、描写等表达方法，后人似乎不太习惯把它们当作应用文看待。

随着应用文的发展，其理论方面的研究也越来越得到重视并不断突破，逐渐形成了较为系统的理论观念。魏晋南北朝时期，魏文帝曹丕在《典论·论文》中将文章分成四科八体，即奏议、书论、铭诔、诗赋，其中的前三科都是应用文，并提出“夫文本同而末异，盖奏议宜雅，书论宜理，铭诔尚实，诗赋欲丽”的观点。晋代挚虞的《文章流别论》是我国第一部文体学专论，主要针对应用文体进行论述。南朝梁代萧统的《昭明文选》共60卷，汇集了应用文名篇80篇。南朝齐梁时期刘勰的《文心雕龙》是一部体大思精的巨著，是我国第一部应用文理论的总汇，全书共20篇，其评论的34种文体中，绝大部分都是应用文。刘勰对每一文种的名称、功用、源流、构成要素、写作要求及注意事项等都做了精辟论述，这些论述至今仍能给人以深刻启示。

明清时期，中国古代应用文体理论研究越发受到重视，且成果十分突出。这一时期涌现出一大批应用文总集和理论专著，如明代吴纳的《文章辨体》、徐师雪的《文体明辨》，清代姚鼐的《古文辞类纂》、刘熙载的《艺概·文概》等，都从不同的角度对应用写作进行了理论概括，并产生了较为深远的影响。其中，清代学者刘熙载正式提出了“应用文”这一概念。他在《艺概·文概》中指出“辞命体，推之即可为一切之文。应用文有上行，有平行，有下行。重其辞乃所以重其实也”。刘熙载提出的“应用文”，其概念与现代应用文相比，外延比较窄。按照现代的文章学分类，应用文可根据用途的不同，被分为私人应用文和公务应用文，后者主要是公务文书。而刘熙载所说仅指公文，故有上行、平行、下行之分。尽管如此，刘熙载已经把应用文作为一种独立的文章体裁、一个专门的文体概念来论述了。在应用文的发展过程中，理论与实践相互影响，古代应用文体理论研究的逐步深入和系统性的不断提升，对于我国应用文体许多优秀传统的形成也起到了重要的促进作用。

四、我国近现代应用文的改革与发展

（一）应用文的变革——辛亥革命至新中国成立前

这一时期是我国社会发生巨大变化的历史时期，也是应用文由古体转变为新体的巨大变革时期。辛亥革命的爆发，标志着沿袭几千年的封建君主专制制度的终结，其必然会引起应用文的巨大变革。

辛亥革命后，公文文种发生了根本性的变化，最大的特点是文种大大简化了。辛亥革命后成立的南京临时政府对沿袭数千年的旧文书体制进行了大刀阔斧的改革：1912 年，南京临时政府颁布了自辛亥革命以来第一个公文程式条例，废除了制、诏、敕、奏、疏、牒等封建公文文体，规定国家的公文为令、谕、批、示、公布、状、呈、咨、照会共九种新文体；在用语上，明令禁止使用“大人”“老爷”等封建社会称呼，规定官吏互称职务、民间互称“先生”；并要求在公文写作中使用白话、新式标点符号等。这种历史性的根本变革，使应用文体开始朝着现代应用文的方向发展。1916 年 7 月 29 日，北洋政府重新公布了“公文程式”，对文种的设置做了一些调整，增设了布告、公函，此时公文文种增至 13 种；还规定“凡处理公事之文件曰公文”，首次对“公文”这一概念做了明确解释。另外值得一提的是，1919 年五四运动时期掀起的白话文运动，为公文写作注入了新的活力。

1921 年，中国共产党成立后，十分重视文书工作，第一批公文就是中国共产党全国代表大会产生的决议、纲领和宣言。1927 至 1928 年间，成立后的国民党政府也曾先后颁布三个公文条例，继续大力推进公文改革，初步建立起现代应用文体制，以加强其政务管理。1934 年，国民党政府曾颁布公文程式文件，对公文的种类和用法做了若干具体规定，对促进公文的统一和发展具有一定的积极意义。与此同时，中国共产党领导下的苏区工农民主政府也确立了自己的公文文种，当时规定下行文有命令、指令、指示、决定，上行文有报告，平行文有信电，对外宣传有布告、通告等。抗日战争时期，因为战时需要，文种有所简化。1942 年，延安整风运动中颁布的《陕甘宁边区新公文程式》推进了公文改革，毛泽东同志还作了《反对党八股》的报告，这些都对公文写作产生了极为深远的影响。解放战争时期，由于形势的发展和解放区机关职能的扩大，文种又有所增加，如训令、布告、批复、通知、通报、公函等。

历代相承的公务文书不断变化、发展，文种由多到少、由繁入简，文辞日趋浅近易懂，为新中国的文书制度确立奠定了基础。

（二）应用文的新繁荣——新中国成立后

新中国成立以后，党和政府在健全行政管理体制的同时，对机关公文的管理工作十分重视，为建立完善、统一的文种制度做了大量的工作。1951 年 4 月，中共中央办公厅、政务院秘书厅在北京召开全国秘书长会议，讨论并通过了《公文处理暂行办法》。该办法将国家机关的公文定为 7 类 12 种，于同年 9 月 29 日由当时的中华人民共和国中央人民政府政务院发布。该文件是新中国成立以来由国家最高行政机关正式发布的第一个公文法规，对公文处理工作的原则、公文的种类、体式及撰写要求等都做了比较具体的规定。1981 年 2 月 27 日，国务院办公厅发布《国家行政机关公文处理暂行办法》，正式规定了现行公文的种类、名称、格式，其所确定的 10 类 15 种公文形式已成为新时期国家管理政务、传递信息的重要手段。1987 年 2 月 18 日，国务院办公厅发布《国务院行政机关公文处理办法》（简称《办法》）。经过 6 年的实践，1993 年，再次对《办法》进行修订，并于 1994 年 1 月 1 日起施行。其后，1996 年 5 月 3 日，经中共中央批准，中共中央办公厅发布了《中国共产党机关公文处理条例》。1999 年 12 月 27 日，国家质量技术监督局公布了《中华人民共和国国家标准 · 国家行政机关公文格式》。

进入新千年后，2000 年 8 月 24 日，国务院办公厅再次修订了《办法》，颁布新的《国家行政机关公文处理办法》，分总则、公文种类、公文格式、行文规则、发文办理、收文办理、公文归档、公文管理、附则共 9 章 57 条，调整了公文的种类及其适用的范围，使之更加明确、规范、科学，有利于办事效率的提高和信息的传递，该办法于 2001 年 1 月 1 日起施行。2012 年 4 月 16 日，中共中央办公厅、国务院办公厅联合发布《党政机关公文处理工作条例》（简称《条例》）。《条例》第 42 条决定，停止执行 1996 年 5 月 3 日中共中央办公厅发布的《中国共产党机关公文处理条例》和 2000 年 8 月 24 日国务院发布的《国家行政机关公文处理办法》，该要求自 2012 年 7 月 1 日起施行。这些法规的颁布和实施，使我国应用文从内容到形式不断趋于统一和完善，使我国公文处理工作更加科学、规范、统一和高效。

由此，我国的公文写作与处理走上了科学化、系统化、规范化的道路，并一套较为完善的现代公文体制逐步建立。

同时，公文以外的应用文也得到了迅猛的发展，不仅文种增加，其内容和形式也都达到了新的高度。随着经济生活的不断发展与变迁，社会生活中出现了众多的经济文书，如商品说明书、广告、经济合同、鉴定书、市场调查、公关策划书、招标书、投标书等；还有法律文书，如起诉状、上诉状、答辩状等，这些类别都是为适应人们的种种需要而产生的，并随着社会发展不断演进。在新文种不断涌现的同时，电脑写作、网络办公等新的写作手段得到了广泛应用。这些都使应用文的应用更加广泛，在社会生活中发挥越来越重要的作用，也为应用文写作的发展指明了方向。

现如今，应用文写作已成为写作学最庞大的分支学科，且应用写作理论研究取得了前所未有的成就。我国应用文写作已进入一个前所未有的繁荣时期。

第二节　应用文的概念和特点

PPT

案例讨论

【案例】小胡从某医药高等专科学校毕业，在某市医院任办公室秘书。该岗位常需要进行简报、通知、通报等应用文的写作。回想起在学校学过应用文写作，了解应用文所具有的特点以及应用文写作与文学写作的不同，因此出色地完成了每一次应用文写作的任务。

【讨论】1. 什么是应用文？

2. 应用文应该具备什么样的特点？

3. 应用文写作与文学写作有什么区别？

一、应用文的概念

应用文是国家机关、企事业单位、社会团体、人民群众在日常工作、学习、生活中使用的具有直接效用和一定体式的文书，是处理公务和私务、传递信息、表达思想、指导实践的工具。

知识链接

应用文与记叙文、议论文、说明文的联系和区别

应用文与记叙文、议论文、说明文之间并不是并列或归属关系，而是属于两个分类标准不同的文体分类体系，其区别在于不同的分类角度和立足点。记叙文、议论文、说明文属着眼于表达手法和功能的表达型文体分类体系；应用文具有独立的分类系统，主要着眼于文章的社会实用功能。

在写作上，应用文写作和其他写作的方式一样，其基本的表达方式也是记叙、议论、说明等。应用文与记叙文、议论文、说明文之间，是一种相互交叉、渗透和重叠的关系。例如，应用文中的回忆录、日志、大事记、地方志、族谱、家谱、简历、墓碑文等，属于记叙文的范畴；应用文中的须知、解说词、说明书、工具书条目、教科书、书籍内容提要、登记表、统计表、一览表、证书、广告、文摘等，属于说明文的范畴；应用文中的演讲稿、声明、座右铭、格言、家训等则属于议论文的范畴。即一个特定的文体，有时既可以是应用文的一种形式，同时又可以是记叙文、议论文、说明文中的一个种类。

应用文具有自己独立的文体分类体系，凡具有一定实用功能的文体，均可以被归入应用文的范畴。且应用文较之一般的记叙文、议论文和说明文，与生活、社会的联系更为紧密，其格式、行文习惯也更加规范。在实际应用中，无论撰写哪种应用文，都必须按其各自规范化的、约定俗成的格式来写，不能随意撰写。

二、应用文的特点

（一）广泛性

应用文的使用非常广泛，几乎涉及各个领域、各个部门以及各个阶层，这是任何其他文体所不能及的。大到国与国之间的交往，小到人与人之间的交流，无论集体还是个人、公事还是私事，都离不开应用文。

（二）实用性

应用文之所以使用范围广，就在于它的实用性。实用性是应用文最根本的特点。应用文因社会生活、工作的实际需要而产生，是直接为社会工作、生产、学习、生活服务的实用工具，具有实际的使用价值。应用文是一种不同于文学体裁的实用文体，每一种、每一篇应用文都有其特定的对象和特定的用途，撰写都是为了解决现实中存在的问题。正因为如此，应用文在内容、形式和语言表达上都有其特定的要求：内容实用，且必须绝对真实；形式须规范、得体；语言表达须平实、简洁、准确，不尚浮华和修饰。

（三）真实性

真实是应用文的生命。应用文肩负着向社会各方面传递准确信息的重任，必须按客观事物的本来面目进行写作。应用文不同于文学作品，它不允许有丝毫的虚构和夸张，文中所涉及的人物、事件、时间、地点、数据等都必须真实、准确无误。写事必须有依据，议事必须有分寸，写人必须有来历，写数据必须务实，否则传递的信息就会失真，应用文的价值就会丧失，甚至会造成非常严重的后果或负面影响。

（四）规范性

应用文要写得规范、用得规范，必须符合各种相关文体的格式要求和语言要求。应用文有固定的文章结构和文面格式，有不同于一般文章的鲜明的外在形式。应用文的语言要准确清晰、庄重规范、简洁朴素、通俗易懂，应使用特定用语，严禁使用冗长繁杂、词不达意、委婉含蓄、模糊不清的语言。应用文（特别是公文）的制发处理程序也必须遵照有关规定规范执行。

（五）时效性

应用文的时效性包含三层含义：一是时代性，二是及时性，三是作用时间的有限性。应用文一般都是为了办理公务或私务、解决实际问题、做出决策而写作的。事务办完了，问题解决了，与应用文有关的任务也就完成了。尽管有的应用文归档后可继续发挥某些作用，但就基本目的和主要作用而言，事情办完，其作用也就基本结束了。因此，应力求做到写文适时、行文及时。否则，一旦时过境迁，事情将会发生变化，因而错过时机、失去价值，贻误工作。

知识链接

应用文写作与文学写作的区别

文学写作以塑造文学形象为目的，具有形象性、审美性和创造性，包括戏剧、诗歌、小说、散文等。应用文写作是人们在生活、学习、工作中为处理实际事务而进行的写作，有实用性、真实性和惯用格式。两者区别如下。

1. 写作目的不同 应用文写作以实用为目的，文学写作重欣赏而非实用。

2. 内容表达不同 应用文写作具有较强的权威性、严肃性、庄重性和约束力，文学写作内容仅代表个人观点和见解。

3. 表现形式不同 应用文写作程式化明显，逻辑性强，结构严谨，语言准确、简洁、质朴。文学写作重在创作、创新，形式灵活，写法多样，可虚构、夸张。

4. 写作时限不同 应用文写作有严格的时间限制，文学写作没有时间限制。

第三节 应用文的分类和作用

PPT

案例讨论

【案例】在现代社会，上级领导部门指导工作，下级机关单位汇报工作、反映情况，需要用到多种公文；机关、社会团体、企事业单位要正常运转，也须用到多种事务文书。单位召开会议，要有会议记录；求职者寻找工作，常常需要自荐书或求职信……由此可见，应用文与人们的日常生活、工作、学习息息相关。

【讨论】1. 应用文有哪些类型呢？

2. 应用文有着怎样的作用？

一、应用文的分类

应用文的种类丰富，且随着社会的发展不断衍生出新的类型，目前常用的就多达200余种。然而，目前对于应用文的分类研究还十分薄弱。应用写作学界至今没有建立起统一的应用文体分类体系，专家学者标准不一，多种分类方法并存，尚无定论。

从写作主体和功用的角度进行划分，可将各种文本分为实用文体和非实用文体（即文学文体）。实用文体可分为新闻文体、理论文体、史传文体、应用文体。其中，应用文体又可划分为公务文书和私务文书。公务文书可分为通用文书和专用文书。通用文书可分为法定公文和事务文书；专用文书则有经济文书、科技文书、法律文书、礼仪社交文书等。

按性质划分，应用文可分为一般性应用文和公务文书。一般性应用文按内容和结构的繁简可分为简单应用文和复杂应用文。简单应用文包括条据、启事、海报等，复杂应用文包括合同等。

按使用范围划分，应用文可分为公务文书、事务文书、宣传文书、经济文书、医务文书等。公务文书包括通知、报告、请示等；事务文书包括简报、会议记录、调查报告等；宣传文书包括演讲稿、解说词、广播稿等；经济文书包括招标书、说明书、广告等；医务文书包括病案、处方、手术协议书等。

需要说明的是，应用文的这些分类依然具有相对性。

二、应用文的作用

（一）贯彻方针政策，处理事务

应用文的制作和应用必须符合党和国家的有关方针政策。应用文中的一大类别是公务文书，其重要作用就是贯彻方针政策、处理各种公务事项。党和国家通过公务文书向各级组织及人民群众传达各项方针、政策、法令并贯彻实施；上级机关通过公务文书指导和推动下级机关的工作，发布指令和进行号召；下级机关通过公务文书向上级机关请示、汇报工作和反映情况；各类组织、管理机构通过公务文书规划、协调、推动和完成工作；广大人民群众通过各种公务文书了解有关方针政策和指示决定。

（二）实施管理，维护秩序

应用文是维护社会正常秩序、实施管理、依法行政的重要工具和手段。在当今社会，任何一个国家都是依靠法律手段维护和平及正常秩序，保证社会安定。而国家、社会的法律效力、威信及实施规则等，正是以一定种类的应用文为载体来传达和体现的。各领域、各单位、各部门也是通过应用文来加强管理、促进工作、发展生产和提高效益的。

（三）协调沟通，促进交流

在当今社会，随着社会生活的现代化和发展速度的加快，以及世界经济一体化，人与人之间交往和联系的范围变得更广，个人之间、单位之间、组织之间、地区之间、国家之间，都更加需要频繁的交往，以互通情报、增进了解、交流信息经验、促进协作等。在这些交往和联系中，应用文是交流、沟通的重要工具，发挥着重要的纽带与桥梁的作用，不断改进工作、提高工作效率，推动事业发展和社会进步。

（四）查阅资料，保留凭证

法定公文是党政机关、企事业单位、社会团体依法行政的凭证。协议书、合同是当事人双方或多方确定的权利、义务的依据和凭证，要求当事人信守和履行，任何一方违约，都必须承担相应责任。事务文书和专用文书中的计划、总结、会议记录、诉状、启事、海报等都具备相应的凭据作用。

许多应用文，除了在当时发挥作用外，还被作为资料或档案储存，在一定的时期内甚至长期发挥作用。这些应用文可以作为总结工作、获取经验、解决疑难或纠正偏差的凭据、研究资料以及制定政策的参考或依据等。应用文具有的资料、档案和凭证价值，对于工作、学习、生活的持续进行以及社会的稳定发展具有重要的促进作用。

课堂互动

应用文的类型和作用

熟悉应用文的作用，了解应用文的类型。

学生思考、讨论：

1. 举例说明你知道或曾经用过哪些应用文？

2. 它们属于哪种类型的应用文？

3. 它们有着怎样的作用？它们属于哪种类型的应用文？

教师解答：

比如，常用的条据类如“请假条”，属于一般性应用文，具有协调沟通、促进交流和作为凭证依据的作用。常见的“通知”，属于法定公文，具有贯彻方针政策、处理事务，实施管理、维护秩序，协调沟通、促进交流以及作为凭证依据、发挥资料价值的作用。

第四节　应用文的写作基础

PPT

案例讨论

【案例】为了庆祝“5·12”国际护士节、激发广大护理工作者的工作热情，某医院开展了义诊、技能竞赛、文艺汇演等活动。医院办公室的张主任让秘书小李拟写一份简报，小李面对杂乱无章的活动材料无从下手。小李在写作简报之前，应弄清哪些问题？

【讨论】1. 这篇简报的主旨是什么？

2. 如何提取材料？

3. 应该使用什么样的结构来安排材料、表达主旨？

4. 应该使用什么样的表达方式？

5. 应该使用什么样的语言？

一、应用文的主题

（一）应用文主题的含义

应用文的主题是指贯穿于一篇应用文中的主要观点、主要思想或主要意图。不同类型的应用文，其主题的内涵亦不相同。如请示的主题就是请示的事项，即请示的意图。审批性请示的主题无非以下几种：或请求“拨款”，或请求“划拨”土地，或请求“增加”指标，通俗地讲就是“要钱”“要人”“要物”；指示性请示的主题就是请求上级机关在某些问题上给予指示或帮助。

（二）应用文主题的要求

尽管不同类型的应用文，其主旨的要求不尽相同。但总体而言，应用文的主题仍具有统一的、公认的原则，即应用文主题确立的总体要求有五点：正确、鲜明、集中、深刻和新颖。

1. 正确 应用文的本质属性是实用性，是为解决实际问题而写。这就要求应用文的主题必须正确，否则会失去其自身的价值、影响工作的开展，甚至会带来严重的损失。因此，正确是应用文主题的基本要求。

要使应用文的主题正确，必须做到两点：一是要合法。应用文的主题要符合党和国家的路线、方针、政策和法律、法规，违反国家法律、法规的应用文，势必会产生消极影响。二是要具有科学性。应用文的主题要能如实反映客观事物及其发展规律、能够解决实际问题，且经得起实践的检验。如果应用文的主题不符合工作实际、超越了现有条件，那么应用文的内容将无从实施，工作也就无法开展。

2. 鲜明 应用文的主题要鲜明，是指要旗帜鲜明地表达发文者的态度、观点和看法。应用文切忌含糊其辞、模棱两可、犹抱琵琶半遮面，不能像文学作品一样，一味追求含蓄、朦胧，让人反复琢磨。应用文须直截了当地说明赞成或反对什么、表扬或批评什么，让受文者一读便知主题，有助于提高办文、办事效率。

3. 集中 应用文的主题要集中，是指其通常只能有一个主要意图、一个基本观点，全文要围绕一个主题深入阐述，需要注意两点：一是要做到“一文一事”，即写作前就要确立一个写作主题。二是要围绕主题选择材料，即所有写入应用文的材料必须是能够为主题服务的。

4. 深刻 应用文的主题要深刻，是指其既不是大量事实、数据的罗列，也不是海量材料的堆砌；而是要透过现象看本质，从事实中归纳观点、提炼思想、寻找规律，以找出解决问题的办法。

5. 新颖 应用文的主题要新颖，就要求撰写人必须解放思想、善于思考、认真分析、仔细研究新情况和新问题，以提出独到的见解和新颖的观点；或以独特的视角对已经存在的事物或已经发生的事件、存在的材料进行鞭辟入里的分析，并提出与众不同的看法、见解。另外，若要使主题新颖，材料须体现时代性，反映新形势、新问题。

知识链接

“主题”的源起

“主题”一词源于德国，最初是音乐的一个术语，指乐曲中最具特征并处于优越地位的那一段旋律，即乐曲的核心——主旋律。后来，日本把这个概念译为“主题”并将其引入文学领域，用来指文学作品的主要思想和核心内容。之后，我国也借用了日本的这一用法。

二、应用文的材料

应用文的材料是指写入应用文的、与主题相关的事实、数据以及背景资料。材料是支撑应用文主题的重要内容。为写作而搜集的材料不能全部写入文中，最后能够运用到文章中的材料往往是其中很少的一部分。写入应用文的材料是题材，未写入应用文的材料则应称之为素材。

（一）应用文材料的要求

1. 真实 应用文的材料要真实，这是由应用文的特点决定的。真实性是应用文的生命，材料的真实是应用文内容真实的根本保障。真实，就是要求撰写应用文选用的材料符合客观实际、反映现实。搜集材料时要仔细鉴别真伪、去伪存真，将真实可信的材料写入应用文；要杜绝弄虚造假、将编造的材料写入应用文，以防影响受文者的阅读接受而使其做出不科学的判断。

2. 典型　所谓典型，是指应用文的材料要具有代表性，能够反映事物的本质和工作中的新情况、社会焦点和时代主旋律。只有典型的材料才具有较强的说服力，使用典型材料方能产生“以一当十”的效果。

3. 新鲜　时效性是应用文的主要特点之一，其表明应用文只有在一定的时间内才有价值和意义。应用文的材料只反映新近一段时期内或应用文内容所要求的特定时间内的新情况和新问题，因此，其具有新鲜性且富有时代气息。

4. 新颖　文章贵在创新，而文章的创新来源于材料的新颖。所谓新颖的材料，首先要求是新鲜的材料，即新出现的材料，或是出现过一段时间却未被用过的材料；其次，也可以是赋予已被用过的材料以新的认识和感受，推陈出新、提出独到见解。应用文写作宜反映新人、新事、新情况和新问题，阐述新道理，反映时代特色，解决现实问题。

（二）应用文材料的收集

应用文材料分为直接材料和间接材料。直接材料的收集主要通过积累、观察、调查等方式；间接材料的收集则通过图书馆、档案馆、新闻媒体、互联网、采访、调查等渠道进行。

三、应用文的结构

主题是应用文的灵魂，材料是应用文的血肉，结构则是应用文的骨架。结构是指文章的组织方式和内部构造，是根据文章主题表现的需要，对材料进行的处理和安排，是表现主题、合理安排材料的重要工具。

（一）开头和结尾

1. 开头

（1）原因目的式　开头第一段交代写作动机、缘由和目的。常用“为了……”“由于……”“鉴于…”等介词作为应用文的开端之语。公文大多采用这种开头方式。

（2）根据式　开头第一段交代写作依据。常用“根据……”“按照……”“遵照……”“经……决定（通过）”等介词短语作为应用文的开端之语。公文、计划、总结、规章制度等多采用这种开头方式。

（3）概述式　开头第一段以简明的语言高度概述全文的主要内容，使受文者初步了解文章的基本内容。新闻、总结、报告、调查报告等常用这种开头方式。

（4）引述式　开头第一段引述有关内容作为发文的依据。如批复、复函、转发性通知、批转性通知等公文常用此种开头方式。

（5）结论式　开头第一段“一锤定音”，即写出结论性意见。如批复的开头写“经院党委研究，同意你科室组建专家会诊的请示，现做如下批复”。

2. 结尾

（1）总结式　最后一段运用简洁明了的语言概括全文内容。如：总结、讲话稿、演讲稿等常用此法结尾。

（2）号召希望式　在结尾处向受文者发出号召，提出要求和希望。如：通报、简报等常用此法结尾。

（3）祈请式　在结尾处表达请求有关部门的批准、支持或协助之意，请示、函等常用此法结尾。如：将“当否，请批示。”“请大力支持为盼。”等语句作为结尾。

（4）“专门用语”式　公文常用此法。如：“特此报告”“特此通知”“特此通报”“特此通告”等。

（二）层次和段落

1. 层次

（1）并列式　各层次之间按照平等关系横向展开，这样的层次结构也称横式结构。这一形式多按照事物的构成部分、事物的性质，有时也根据空间或场面的转换来进行层次的安排。如：规章制度、法律条文式文书、简报、计划等。

（2）递进式　又称纵式结构，即围绕一个事物或问题进行由表及里、由浅入深的层层说明和论述。递进式文章往往是根据时间推移或因果等逻辑关系逐层深入展开论述。如：情况通报、通讯等。

（3）总分式　文章开头先概述全文的主要内容，主体部分围绕开头逐次展开叙述。总分式常用于文章篇幅较长的应用文之中，如：调查报告、科技论文等。

2. 段落　段落也称自然段。一般来说，一个段落往往完整表达一个意思，而多个段落既可表达一个意思，也可表达多个意思。为了满足文字表达的需要，段落在形式上有明显的标志，首句左空两格，另起一段要换行。

（三）过渡和照应

1. 过渡　过渡是指文章层次、段落之间衔接、转换的方式，常用的过渡方式有 3 种：关联词过渡、句子过渡和段落过渡。

（1）关联词过渡　一般包括顺承与逆接两种情况。表示顺承的过渡词有“因此”“由上所述”“由此可见”“众所周知”等；表示逆接的过渡词有“然而”“但是”“不过”等。

（2）句子过渡　在需要有内容、意义转换的层次、段落之间，用提示下文或总结前文的句子进行过渡，起到承上启下的作用，使文章文脉贯通。如公文的过渡句有“现将有关事宜通报如下”“经研究，特做出如下决定”等。

（3）段落过渡　如果层次和段落之间的转折或跳跃性比较大，则需要用一段文字进行过渡，以使文章前后文理通顺。

2. 照应　应用文中常用的照应方式主要包括首尾照应、题文照应和前后呼应。

（1）首尾照应　文章开头提出问题，文章结尾进行回应、得出结论，使得文章首尾呼应、结构完整、表达深刻。

（2）题文照应　标题与正文互相照应，突出文章的主题。在文中恰当之处重点阐明、强调标题所揭示主题的字句，起到烘托、渲染主题的作用。公文的标题包括发文机关、事由和文种，其中“事由”就表明了公文的主题。正文恰是围绕“事由”揭示的主题内涵进行阐述的，而正文的内容又是对标题的绝好回应。

（3）前后呼应　撰写应用文，有时会把重要的环节或细节安排在后面写。前文预先埋下伏笔，以对后面的重要环节或细节的出现进行铺垫，使文章前后呼应。如：情况通报、人物通讯等。

四、应用文的表达方式

表达方式是指运用语言表现文章内容的方法和手段。表达方式是由表达的内容和主题决定的。一般情况下，文章的表达方式有叙述、说明、议论、描写、抒情共五种。而应用文常用的表达方式有叙述、说明和议论。

（一）叙述

叙述是指反映人物、事件、事物发展变化的一种表达方式。常用的叙述方式有顺叙、倒叙、插叙、补叙、详叙、略叙、概叙等。应用文常用的叙述方法有顺叙、直叙和概叙三种。叙述是应用文最基本的表达方式，为大多数应用文所使用。如：公文中的报告、通报、决定、通知等，以及事务文书中的计划、总结等。

（二）说明

说明是指使用准确、简洁的语言，清晰、明白地解说事物、剖析事理的一种表达方式。常用的说明方法有定义说明、诠释说明、分类说明、举例说明、比较说明、引用说明、图表说明等。如：调查报告、市场分析报告等。

（三）议论

议论是对人物、事物、事件进行分析、评论，发表看法、表明态度的一种表达方式。应用文常用的议论方式有举例论证、分析论证、对比论证三种。应用文在使用议论的表达方式时，常用立论的论证方法，而较少使用驳论。应用文运用议论时，常与叙述联用。如：表彰性通报、批评通报等。

五、应用文的语言

语言是用来表情达意的工具。不同文体，其语言风格亦不相同。应用文的特点决定了其语言必须具备以下四个特点。

（一）简洁

简洁，是指应用文的语言要简明，不铺陈、不拖泥带水、不用欧化句子、不用冗长句子；多使用单句，少使用复句；多使用短句，少使用长句；多使用主动句，少使用被动句、倒装句。

（二）准确

准确，是指应用文的语言能够恰当无误地表达发文者的思想、观点、要求等。为了保障应用文语言的准确性，尽量不使用模糊词语如“最近、许多”等，可使用数字、图表等量化性质的语言表达方式。

（三）质朴

质朴，是指应用文的语言朴实、文风简朴。这就要求应用文不使用修辞手法、不堆砌华美辞藻、不追求文采。

（四）得体

得体，是指应用文的语言要得当、符合发文作者的身份。以公文为例，就用词而言，指导性公文用“必须”、指示性公文用“应当”为得体；报请性公文用“拟”、指导性公文用“决定”、商洽性公文用“请”为得体。“请示”“函”的行文中使用“必须”“务必”“立即”等即为不得体。

知识链接

应用文语言与文学作品语言的区别

应用文的性质、特征和作用决定了其语体风格为庄重得体、朴实平易、准确规范、言简意赅。而文学作品多用描写、抒情，铺排夸张、情景交融、形象生动；文学语言丰富多彩，给人以美感，具有感人至深的力量。

本章小结

内容	知识要点
应用文概述	**【发展沿革】** 1. 我国应用文的起源：应用文伴随文字产生和社会生活的需要而产生，是人们用来传递信息、处理事务等的工具。 2. 我国古代应用文的演进：秦汉、南北朝时期——形成发展期；唐宋时期——完备成熟期；明清时期——稳定没落期。 3. 我国古代应用文理论研究：随着应用文的发展，其理论研究逐渐受到重视，应用文的分类、写作要求等不断细化、成熟，理论研究逐渐深入、系统。 4. 我国近现代应用文的改革与发展：随着时代的变革，应用文学科研究及相关成果丰硕，各项文件出台、修订，形成了比较完整、系统的体制。 **【概念】** 应用文是国家机关、企事业单位、社会团体、人民群众在日常工作、学习、生活中使用的具有直接效用和一定体式的文书，是处理公务和私务、传递信息、表达思想、指导实践的工具。 **【特点】** 广泛性、实用性、真实性、规范性、时效性。 **【分类】** 按性质划分，可分为一般性应用文和公务文书。 按使用范围划分，可分为公务文书、事务文书、宣传文书、经济文书、医务文书等。 **【作用】** 应用文具有贯彻方针政策，处理事务；实施管理，维护秩序；协调沟通，促进交流；查阅资料，保留凭证的作用。 **【写作基础】** 1. 主题：正确、鲜明、集中、深刻、新颖。 2. 材料：真实、典型、新鲜、新颖。 3. 结构：①开头：原因目的式、根据式、概述式、引述式、结论式；②结尾：总结式、号召希望式、祈请式、“专门用语”式；③层次：并列式、递进式、总分式；④段落；⑤过渡：关联词过渡、句子过渡、段落过渡；⑥照应：首尾照应、题文照应、前后呼应。 4. 表达方式：常用叙述、说明、议论。 5. 语言：简洁、准确、质朴、得体。

题库

习题

【单选题】

1. 学术界认为，最早提出“应用文”这一文种概念的是（　）

A. 刘勰　　B. 苏轼

C. 刘熙载　　D. 萧统

2. 应用文最根本的特点是（　）

A. 实用性　　B. 真实性

C. 规范性　　D. 广泛性

3. 应用文的时效性不包含（　）

A. 时代性　　B. 及时性

C. 长期性　　D. 作用时间的有限性

4. 我国应用文的发展经历了至少（　）年

A. 1000　　B. 2000

C. 3000　　D. 5000

5. 新的应用文种类不断衍生出来，目前常用的有（　）余种

A. 100　　B. 200

C. 400　　D. 600

6. 下列属于应用文材料特点的为（　）

A. 新鲜　　B. 生动

C. 形象　　D. 广泛

【多选题】

7. 下列属于中国古代应用文文种的是（　）

A. 章　　B. 制

C. 奏　　D. 表

8. 唐宋时期，国家对应用文的格式做了严格的规定，形成了一系列的制度，下列属于唐宋应用文格式制度的是（　）

A. 公文贴黄制度　　B. 一文一事制度

C. 公文拟制与誊写制度　　D. 公文编号制度

9. 应用文的作者可以有（　）

A. 国家机关　　B. 企事业单位

C. 社会团体　　D. 人民群众

10. 应用文体可划分为（　）

A. 专用文书　　B. 公务文书

C. 私务文书　　D. 经济文书

11. 应用文的写作要素包括主题和（　）

A. 语言　　B. 材料

C. 结构　　D. 表达方式

12. 应用文语言的基本要求是（　）

A. 简洁　　B. 质朴

C. 得体　　D. 准确

13. 应用文主题的要求为（　）

A. 正确　　B. 深刻

C. 集中　　D. 鲜明

【简答题】

1. 简述应用文在中国的发展沿革。
2. 应用文应该具备哪些特点？
3. 应用文写作与文学写作的区别有哪些？
4. 应用文的作用主要有哪些？
5. 简述应用文语言与文学语言的区别。

第二章　公务文书

学习目标

知识目标

1. 掌握公务文书的概念、特点、格式以及公告、通告、通知、通报、报告、请示、批复、函八种常见公文的概念、特点、写法。

2. 熟悉公文的行文规则以及八种常见公文的写作注意事项。

3. 了解公文以及八种常见公文的类型。

技能目标

能运用所学进行公告、通告、通知、通报、报告、请示、批复、函的写作。

第一节　公务文书概述

PPT

案例讨论

【案例】 为应对全球突发的新冠肺炎疫情，××省卫生健康委员会急需购买医用外科口罩10000个。办公室主任让秘书小王制作一份请示，以正式的公文形式发××省人民政府。

【讨论】 1. 小王制作的这份公文，其格式包括哪些项目要素？

2. 这些项目要素应该如何编排？

一、公文的概念

公文是公务文书的简称。公文有广义和狭义之分。

广义的公文是指与私务文书相对的，党政机关、社会团体、企事业单位等社会合法组织在党政管理和公务处理等活动中产生和使用的各类文书。

狭义的公文，即党政机关公文，是党政机关实施领导、履行职能、处理公务的具有特定效力和规范体式的文书，是传达贯彻党和国家方针政策，公布法规和规章，指导、布置和商洽工作，请示和答复问题，报告、通报和交流情况等的重要工具。《党政机关公文处理工作条例》（以下简称《条例》）中规定了15种法定公文，即决议、决定、命令（令）、公报、公告、通告、意见、通知、通报、报告、请示、批复、议案、函、纪要。

知识链接

《党政机关公文处理工作条例》

为了适应中国共产党机关和国家行政机关工作需要，推进党政机关公文处理工作科学化、制度化、规范化，中共中央办公厅、国务院办公厅于2012年4月16日联合发布《党政机关公文处理工作条例》。《条例》分总则、公文种类、公文格式、行文规则、公文拟制、公文办理、公文管理、附则共八章，四十二条。

《党政机关公文格式》

2012年6月29日由中华人民共和国国家质量监督检验检疫总局、中国国家标准化管理委员会联合发布的《党政机关公文格式》，即GB/T 9704—2012国家标准，简称《格式》。《格式》规定了党政机关公文通用的纸张要求、排版和印制装订要求、公文格式各要素的编排规则，并给出了公文的式样。它是党政机关公文制作的标准，同时也是其他机关和单位的公文的参照标准。

二、公文的类型

根据公文的使用范围、来源、特点、作用、行文方向、涉密程度、处理时限等，公文又可以分为不同的类型。

（一）按公文的使用范围划分

1. 通用公文 通用公文是各级各类机关、团体、企事业单位等社会合法组织都使用的文件，如决定、通知、通报、报告、请示、批复、函、纪要等。

2. 专用公文 专用公文是在一定专业机关、部门和业务范围内专门使用的，具有特定内容或用途和规定格式的文件，如外交文件、司法文件、军事文件等。

（二）按公文的来源划分

1. 收文 收文是本机关收到的来自外部其他机关的文件。

2. 发文 发文是本机关制作的发往外部其他机关的文件，或是本机关制成的只供内部使用的文件。

在公文处理中，收文和发文的处理程序不同，其办理的目的和要求也不同。因此，按公文的来源进行分类，是公文处理的最基本的工作。

（三）按公文的性质和作用划分

1. 指导性公文 指导性公文是指领导机关制发的用于颁布方针政策、法规规章，指导、布置工作，阐明领导指导原则的文件。如：决定、命令、批复等。

2. 陈述呈请性公文 陈述呈请性公文是指用于汇报工作、陈述情况、提出建议、请求指示或请求批准的文件。如：报告、意见、请示、议案等。

3. 公布性公文 公布性公文是指直接公开发布的文件。如：公告、通告、通报、通知、公报等。

4. 商洽性公文 商洽性公文是指探讨、协商一般事项的文件。如：函。

（四）按公文的行文方向划分

1. 上行文　上行文是指向有隶属关系的上级领导机关报送的公文。典型的上行文有请示、报告等。有时意见也可上行。

2. 平行文　平行文是指向同一组织系统的同级机关或非同一组织系统的任何机关发送的公文。典型平行文是函。有时意见、纪要也可作为平行文。

3. 下行文　下行文是指向下级机关发送的公文。典型的下行文有决定、命令、通告、通知、通报、批复等。有时纪要也可作为下行文。

（五）按公文的涉密程度划分

1. 秘密公文　秘密公文指内容涉及一般的国家秘密，一旦泄露会使国家安全和利益遭受损害的公文。

2. 机密公文　机密公文指内容涉及重要的国家秘密，一旦泄露会使国家的安全和利益遭受严重损害的公文。

3. 绝密公文　绝密公文指内容涉及重大的国家秘密，一旦泄露会使国家的安全和利益遭受特别严重损害的公文。

（六）按公文办理的紧急程度划分

1. 特急公文　特急公文是指事关重大而又十分紧急，要求以最快的速度形成、运转和办理的公文。

2. 紧急公文　紧急公文一般是涉及重要工作，需要急速形成、运转和办理的公文。

3. 常规公文　常规公文是指可以按正常速度形成、运转和办理的公文。但常规公文也要及时办理。

三、公文的特点

（一）法定性

1. 公文作者的法定性　公文的作者只能是法定的社会组织及其法人代表或者称为第一领导人。有权进行公文写作的社会组织，必须依照法律在有关政府部门登记注册。社会合法组织及其第一领导人，就是公文的法定作者。而动笔起草公文初稿的人，称为起草人，如秘书，不是法律意义上的公文作者。非社会合法组织或个人均无权制发公文。国家不允许个人假冒机关、团体、企事业单位的名义拟写、发布公文。任何非社会合法组织或个人伪造公文均属于违法行为，将受到法律的追究和制裁。

2. 公文效力的法定性　公文只能由法定的作者发出，而法定的作者，即社会合法组织，其机关及部门都规定了隶属关系和职权范围，由社会合法组织制发的公文必然是这种隶属关系和职权范围的反映。因此，公文具有法规给予社会组织职权所产生的制约性，即公文的效力具有法定性。

3. 公文拟制、办理、管理的法定性　公文的拟制、办理过程必须按照法定程序进行，公文的管理也有必须按照有关规定执行。《条例》明确规定了党政机关公文拟制包括公文的起草、审核、签发等程序，公文办理包括收文办理、发文办理和整理归档等。其中收文办理主要包括签收、登记、初审、承办、传阅、催办、答复等一系列法定程序。

（二）工具性

应用文是应实践活动的需要而产生的、对实践活动的进行发挥实际效用的文本。因此，任何应用文均具有工具性。公文作为应用文的一种，同样具有工具性的特点。党政机关公文是传达贯彻党和国家方针政策，公布法规和规章，指导、布置和商洽工作，请示和答复问题，报告、通报和交流情况等的重要工具。

（三）规范性

公文的内容必须符合党和国家的法律、法规、方针、政策及有关规定。公文的格式、拟制、办理程序等也必须严格遵循《条例》和《格式》的相关要求，不能随意更改。比如：《条例》中规定了党政机关公文文种为15种，不允许自行创新文种。《格式》则从公文用纸技术指标、公文用纸幅面尺寸和版面要求、印制装订要求、公文格式各要素编排规则等方面规定了党政机关公文的格式要求，也为其他机关单位制作公文提供了参照标准。公文写作采用规范化的格式，显著提高了公文写作和办理的效率，维护了公文的严肃性和权威性。

（四）时效性

公文发布后要求受文单位必须在一定时间内按其要求遵照执行，因此，公文具有很强的时效性。不同公文的时效长短不一，一般来说，法规性、政策性公文的时效较长，而用于某项具体工作的公文时效较短。总之，没有一份公文是永久有效的。失去时效的公文，也就失去了其实用性。

四、公文的行文规则

《条例》第四章对公文的行文规则做了明确规定。归纳起来主要有以下几个方面。

（一）行文原则

行文应当确有必要，讲求实效，注重针对性和可操作性。坚持少而精的原则：可发可不发的公文不发，可长可短的公文要短。

（二）行文关系

行文关系根据隶属关系和职权范围确定，分为领导与被领导（上下级）关系、指导与被指导关系、平级关系或不相隶属关系。一般不得越级行文，如遇特殊情况需要越级行文的，应当同时抄送被越过的机关。

1. 向上级机关行文

（1）原则上主送一个上级机关，应根据需要同时抄送相关上级机关和同级机关，不抄送下级机关。受双重领导的机关向一个上级机关行文，必要时抄送另一个上级机关。

（2）党委、政府的部门向上级主管部门请示、报告重大事项，应当经本级党委、政府同意或者授权；属于部门职权范围内的事项应当直接报送上级主管部门。撰写请示应当遵从一文一事的原则，不得在报告等非请示性公文中夹带请示事项。

（3）下级机关的请示事项，如需以本机关名义向上级机关请示，应当提出倾向性意见后上报，不得原文转报上级机关。

（4）除上级机关负责人直接交办事项外，不得以本机关名义向上级机关负责人报送公文，不得以本机关负责人名义向上级机关报送公文。

2. 向下级机关行文

（1）主送受理机关，根据需要抄送相关机关。重要行文应当同时抄送发文机关的直接上级机关。上级机关向受双重领导的下级机关行文，必要时抄送该下级机关的另一个上级机关。

（2）党委、政府的办公厅（室）根据本级党委、政府授权，可以向下级党委、政府行文，其他部门和单位不得向下级党委、政府发布指令性公文或者在公文中向下级党委、政府提出指令性要求。

（3）党委、政府的部门在各自职权范围内可以向下级党委、政府的相关部门行文。

（4）涉及多个部门职权范围的事务，部门之间未协商一致的，不得向下行文；擅自行文的，上级机关应当责令其纠正或者撤销。

3. 联合行文　同级党政机关、党政机关与其他同级机关必要时可以联合行文。属于党委、政府各自职权范围的工作，不得联合行文。党委、政府的部门依据职权可以联合行文。部门内设机构除办公厅（室）外不得对外正式行文。如：××区民政局与××区财政局可以联合行文，××省人民政府只有省政府办公厅可以代表省政府对外正式行文。

五、公文的格式

公文格式，即公文规格样式，是指公文中各个组成部分的构成方式。公文格式和文种是公文外在形式的两个重要方面，直接关系到公文效用的发挥。公文格式是在公文制发过程中逐渐形成的，体现了公文的权威性和约束力。公文格式的不断改进也是公文处理工作逐步走向规范化、制度化、科学化的重要标志。

《条例》第三章对公文格式进行了专章表述，《格式》更是对公文用纸主要技术指标、公文用纸幅面尺寸以及版面要求、印制装订要求、公文格式各要素编排规则、公文中的横排表格、公文中计量单位、标点符号和数字的用法、公文的特定格式等做了详尽规定。

以下关于公文格式的论述均以《条例》和《格式》中的表述为准。

（一）公文格式的项目要素

《条例》第九条规定：公文一般由份号、密级和保密期限、紧急程度、发文机关标志、发文字号、签发人、标题、主送机关、正文、附件说明、发文机关署名、成文日期、印章、附注、附件、抄送机关、印发机关和印发日期、页码等要素组成。

（二）公文格式各要素编排规则

《格式》将版心内的公文格式各要素划分为版头、主体、版记三部分。公文首页红色分隔线以上的部分称为版头；公文首页红色分隔线（不含）以下、公文末页首条分隔线（不含）以上的部分称为主体；公文末页首条分隔线以下、末条分隔线以上的部分称为版记。页码位于版心外。

1. 版头部分

（1）份号　是公文印制份数的顺序号。涉密公文应当标注份号。

如需标注份号，一般用6位3号阿拉伯数字，顶格编排在版心左上角第一行。

（2）密级和保密期限　是指公文的秘密等级和保密的期限。涉密公文应当根据涉密程度分别标注“绝密”“机密”“秘密”和保密期限，密级和保密期限之间用“★”隔开。

如需标注密级和保密期限，一般用3号黑体字，顶格编排在版心左上角第二行；保密期限中的数字用阿拉伯数字标注。

（3）紧急程度　是公文送达和办理的时限要求。根据紧急程度，紧急公文应当分别标注“特急”“加急”，电报应当分别标注“特提”“特急”“加急”“平急”。

如需标注紧急程度，一般用3号黑体字，顶格编排在版心左上角。

特别注意：如需同时标注份号、密级和保密期限、紧急程度，按照份号、密级和保密期限、紧急程度的顺序自上而下分行排列。

（4）发文机关标志　由发文机关全称或者规范化简称加“文件”二字组成，也可以使用发文机关全称或者规范化简称。

发文机关标志居中排布，上边缘至版心上边缘的距离为35mm。发文机关标志推荐使用小标宋体字，颜色为红色，以醒目、美观、庄重为原则。

联合行文时，发文机关标志可以并用联合发文机关名称，也可以单独用主办机关名称。

如需同时标注联署发文机关名称，一般应当将主办机关名称排列在前；如有“文件”二字，应当置于发文机关名称右侧，以联署发文机关名称为准上下居中排布。

（5）发文字号　由发文机关代字、年份、发文顺序号组成。联合行文时，使用主办机关的发文字号。

发文字号编排在发文机关标志下空二行位置，居中排布。年份、发文顺序号用阿拉伯数字标注；年份应标全称，用六角括号“〔〕”括入；发文顺序号不加“第”字，不编虚位（即1不编为01），在阿拉伯数字后加“号”字。上行文的发文字号居左空一字编排，与最后一个签发人姓名处在同一行。

（6）签发人　上行文应当标注签发人姓名。

由“签发人”三字加全角冒号和签发人姓名组成，居右空一字，编排在发文机关标志下空二行位置。“签发人”三字用3号仿宋体字，签发人姓名用3号楷体字。如有多个签发人，签发人姓名按照发文机关的排列顺序从左到右、自上而下依次均匀编排，一般每行排两个姓名，回行时与上一行第一个签发人姓名对齐。

（7）版头中的分隔线　发文字号之下4mm处居中印一条与版心等宽的红色分隔线。

2. 主体部分

（1）标题　由发文机关名称、事由和文种组成。

标题一般用2号小标宋体字，编排于红色分隔线下空二行位置，分一行或多行居中排布；回行时，要做到词意完整、排列对称、长短适宜、间距恰当，标题排列应当使用梯形或菱形。

（2）主送机关　是公文的主要受理机关，应当使用机关全称、规范化简称或者同类型机关统称。

主送机关编排于标题下空一行位置，居左顶格，回行时仍顶格，最后一个机关名称后标全角冒号。如主送机关名称过多导致公文首页不能显示正文时，应当将主送机关名称移至版记。

（3）正文　是公文的主体，用来表述公文的内容。

公文首页必须显示正文。一般用3号仿宋体字，编排于主送机关名称下一行，每个自然段左空二字，回行顶格。文中结构层次序数依次可以用“一、”“（一）”“1.”“（1）”标注；一般第一层用黑体字、第二层用楷体字、第三层和第四层用仿宋体字标注。

（4）附件说明　是公文附件的顺序号和名称。

如有附件，在正文下空一行、左空二字编排“附件”二字，后标全角冒号和附件名称。如有多个附件，使用阿拉伯数字标注附件顺序号（如“附件：1. ××××××”）；附件名称后不加标点符号。附件名称较长需回行时，应当与上一行附件名称的首字对齐。

（5）发文机关署名、成文日期和印章 发文机关署发文机关全称或者规范化简称。

成文日期署会议通过或者发文机关负责人签发的日期。成文日期要用阿拉伯数字将年、月、日标全，其中，年份应标全称，月、日不编虚位（即1不编为01）。联合行文时，成文日期署最后签发机关负责人签发的日期。

公文中有发文机关署名的，应当加盖发文机关印章，并与署名机关相符。有特定发文机关标志的普发性公文和电报可以不加盖印章。

另外需要特别说明的是，当公文排版后所剩空白处不能容下印章或签发人签名章、成文日期时，可以采取调整行距、字距的措施解决。

根据是否加盖印章、签发人签名章可分为以下几种情况。

①加盖印章的公文。成文日期一般右空四字编排，印章用红色，不得出现空白印章。

单一机关行文时，一般在成文日期之上、以成文日期为准居中编排发文机关署名，印章端正、居中下压发文机关署名和成文日期，使发文机关署名和成文日期居印章中心偏下位置，印章顶端应当上距正文（或附件说明）一行之内。

联合行文时，一般将各发文机关署名按照发文机关顺序整齐排列在相应位置，并将印章一一对应、端正、居中下压发文机关署名，最后一个印章端正、居中下压发文机关署名和成文日期，印章之间排列整齐、互不相交或相切，每排印章两端不得超出版心，首排印章顶端应当上距正文（或附件说明）一行之内。

②不加盖印章的公文具体如下。

单一机关行文时，在正文（或附件说明）下空一行右空二字编排发文机关署名，在发文机关署名下一行编排成文日期，首字比发文机关署名首字右移二字，如成文日期长于发文机关署名，应当使成文日期右空二字编排，并相应增加发文机关署名右空字数。

联合行文时，应当先编排主办机关署名，其余发文机关署名依次向下编排。

③加盖签发人签名章的公文。签名章一般用红色。

单一机关制发的公文加盖签发人签名章时，在正文（或附件说明）下空二行右空四字加盖签发人签名章，签名章左空二字标注签发人职务，以签名章为准上下居中排布。在签发人签名章下空一行右空四字编排成文日期。

联合行文时，应当先编排主办机关签发人职务、签名章，其余机关签发人职务、签名章依次向下编排，与主办机关签发人职务、签名章上下对齐；每行只编排一个机关的签发人职务、签名章；签发人职务应当标注全称。

（6）附注 是指公文印发传达范围等需要说明的事项。

如有附注，居左空二字加圆括号编排在成文日期下一行。

（7）附件 是公文正文的说明、补充或者参考资料。

附件应当另面编排，并在版记之前，与公文正文一起装订。“附件”二字及附件顺序号用3号黑体字顶格编排在版心左上角第一行。附件标题居中编排在版心第三行。附件顺序号和附件标题应当与附件说明的表述一致。附件格式要求同正文。

如附件与正文不能一起装订，应当在附件左上角第一行顶格编排公文的发文字号并在其后标注“附件”二字及附件顺序号。

3. 版记部分

（1）版记中的分隔线　版记中的分隔线与版心等宽，首条分隔线和末条分隔线用粗线（推荐高度为0.35mm），中间的分隔线用细线（推荐高度为0.25mm）。首条分隔线位于版记中第一个要素之上，末条分隔线与公文最后一面的版心下边缘重合。

（2）抄送机关　是除主送机关外需要执行或者知晓公文内容的其他机关，应当使用机关全称、规范化简称或者同类型机关统称。

如有抄送机关，一般用4号仿宋体字，在印发机关和印发日期之上一行、左右各空一字编排。“抄送”二字后加全角冒号和抄送机关名称，回行时与冒号后的首字对齐，最后一个抄送机关名称后标句号。

如需把主送机关移至版记，除将“抄送”二字改为“主送”外，编排方法同抄送机关。既有主送机关又有抄送机关时，应当将主送机关置于抄送机关之上一行，之间不加分隔线。

（3）印发机关和印发日期　是指公文的送印机关和送印日期。

印发机关和印发日期一般用4号仿宋体字，编排在末条分隔线之上，印发机关左空一字，印发日期右空一字，用阿拉伯数字将年、月、日标全，年份应标全称，月、日不编虚位（即1不编为01），后加“印发”二字。

版记中如有其他要素，应当将其与印发机关和印发日期用一条细分隔线隔开。

4. 页码部分　页码一般用4号半角宋体阿拉伯数字，编排在公文版心下边缘之下，数字左右各放一条一字线；一字线上距版心下边缘7mm。单页码居右空一字，双页码居左空一字。公文的版记页前有空白页的，空白页和版记页均不编排页码。公文的附件与正文一起装订时，页码应当连续编排。

PPT

第二节　公告与通告

案例讨论

【案例】2020年2月以来，受新冠肺炎疫情影响，各省市根据复工复产后的疫情发展态势，科学评估开学条件，审慎研判复课时机、方式，统筹谋划以制定错时错峰开学预案，在疫情得到有效控制前确保学生不返校、学校不开学。面对此种情况，高三年级学生如期参加高考势必困难重重。教育部组织专家评估并综合研判了疫情对考试组织、考场防疫、交通出行等各方面的影响，经党中央、国务院同意，教育部决定，2020年全国普通高等学校招生统一考试延期一个月举行，考试时间定为7月7日至8日。教育部拟通过正式公文的形式向社会公布。

【讨论】1. 你认为应该选用哪个文种？

2. 这份公文的结构应该是怎样的？

一、公告

（一）公告概述

公告是适用于向国内外宣布重要事项或法定事项的公文。

公告是法定的知照性、公布性公文，涵盖范围广，其中包含两方面的内容：一是向国内外宣布重要事项，公布依据政策、法令采取的重大行动等；二是向国内外宣布法定事项，公布依据法律规定告知国内外的有关重要规定和重大行动等。

从行文方向来看，向国内宣布重要事项或法定事项的，属于下行文；向国外宣布重要事项或法定事项的，基于处理国际关系时遵循的国家之间的平等原则，属于平行文。

（二）公告的类型

公告作为党政机关的法定公文，按照内容可以分为重要事项公告和法定事项公告。

1. 重要事项公告　凡是用来宣布有关国家的政治、经济、军事、科技、教育、人事、外交等方面需要告知全民的重要事项的，都属此类公告。常见的有国家重要领导岗位的变动、领导人的出访或其他重大活动、重要科技成果的公布、重要军事行动等等。如中国人大常务委员会关于确认中国人大代表资格的公告、新华社受权宣布中国将进行向太平洋发射运载火箭试验的公告，都属此类公告。

2. 法定事项公告　依照有关法律和法规的规定，一些重要事情和主要环节必须以公告的方式向全民公布。例如《中华人民共和国专利法》第三十九条规定：发明专利申请经实质审查没有发现驳回理由的，专利局应当作出审定，予以公告。

（三）公告的特点

1. 发文权力的限制性　由于公告宣布的是重大事项和法定事项，发文的权力被限制在高层行政机关及其职能部门的范围之内。具体来说，国家最高权力机关（人大及其常委会），国家最高行政机关（国务院）及其所属部门，各省市、自治区、直辖市行政领导机关，某些法定机关如法院、检察院、税务局、海关、铁路局、人民银行等，有制发公告的权力。其他地方行政机关，一般不能发布公告。党团组织、社会团体、企事业单位，不能发布公告。

2. 发布范围的广泛性　公告是向“国内外”发布重要事项和法定事项的公文，其信息传达范围有时是全国，有时是全世界。譬如，中国曾以公告的形式公布中国科学院院士名单，一方面确立他们在我国科学界学术带头人地位，一方面尽力为他们争取在国际科学界的地位。这样的公告肯定会在世界科学界产生一定的影响。中国有关部门还曾在《人民日报》上刊登公告，公布中国名酒和中国优质酒的品牌、商标和生产企业，以便消费者能认清名牌。

3. 题材的重大性　公告的题材，必须是能在国际、国内产生一定影响的重要事项，或者依法必须向社会公布的法定事项。公告的内容庄重严肃，体现着国家权力部门的威严，既要能向社会公布有关信息和政策，又要考虑其在国内、国际可能产生的政治影响。一般性的决定、通知的内容，都不能以公告的形式发布，因为它们很难具有全国和国际性的意义。

4. 内容和传播方式的新闻性　公告还有一定的新闻性特点。所谓新闻，就是对新近发生的、群众关心的、应知而未知的事实的报道。公告的内容都是新近的、群众应知而未知的事项，在一定程度上具有新闻的特点。公告的发布形式也有新闻性特征，它一般不用红头文件的方式传播，而是在报刊上公开刊登。

（四）公告的写法

公告一般包括标题、正文和落款三部分。

1. 标题 公告的标题可以是完全式标题，也可以是省略式标题。

（1）完全式标题 由“发文机关 + 关于 + 事由 + 文种”构成。如：《民航局 海关总署 外交部关于来华航班乘客凭新冠病毒核酸检测阴性证明登机的公告》《国家药监局 国家卫生健康委关于发布药物临床试验质量管理规范的公告》《国家药监局关于注销 3 个医疗器械注册证书的公告》等。

（2）省略式标题 可以采用“发文机关 + 文种”的形式。如：《国务院公告》《中华人民共和国国家卫生健康委员会公告》；也可采用“关于 + 事由 + 文种”的形式，如：由商务部、海关总署、国家药品监督管理局联合发布的《关于有序开展医疗物资出口的公告》、由国务院教育督导委员会办公室发布的《关于开通教育系统新冠肺炎疫情防控举报渠道的公告》；还可以只写文种，如《公告》。

2. 正文 公告的正文一般由依据、事项和结语三部分组成。

（1）依据 开头要简明扼要地写出公告的依据，如 2020 年 2 月《市场监管总局关于调整疫情防控期间接待等工作方式的公告》的开头“为贯彻落实党中央、国务院防控新型冠状病毒感染肺炎疫情的决策部署和工作要求，坚决打赢疫情防控阻击战，最大限度减少人员聚集流动，切实保障人民群众生命健康安全，维护疫情防控期间当事人的合法权益，确保市场监管相关工作平稳有序开展，现对疫情防控期间市场监管总局相关工作安排公告如下”。

（2）事项 要写明需要公众周知的重要事项或法定事项，以及执行的有关要求。或篇段合一，或分条列点，表达直截了当，语言简洁明快。

（3）结语 单独成段，通常使用习惯性用语如“特此公告”，有时也可省略。

3. 落款 落款处要写明公告的发文机关和成文日期。发文机关署名要使用全称或规范化简称。公告标题采用“发文机关名称 + 文种”形式的，落款处可省略发文机关署名。

（五）公告的写作注意事项

1. 语言简洁庄重 由于公告的发布范围广，撰写时要注意事理周密，条理清楚，语言通俗，文风严肃，做到易读易懂易知。公告的制发单位级别较高，且发布的都是重要事项和法定事项，语言一定要严肃庄重，不发议论，不加说明，更不能抒情，以显示公告的权威性。

2. 要一事一告 公告所公布的为重要或重大事项，而且常以报刊、广播、电视、张贴等形式公开发表，因此在写作时，要直陈其事，一事一告，就实以告，以便公众准确知悉理解并严格执行。

【例文】

关于有序开展医疗物资出口的公告

当前，全球疫情呈加速扩散蔓延态势。在做好自身疫情防控的基础上，有序开展医疗物资出口是深化疫情防控国际合作、共同应对全球公共卫生危机的重要举措。在疫情防控特殊时期，为有效支持全球抗击疫情，保证产品质量安全、规范出口秩序，自4月1日起，出口新型冠状病毒检测试剂、医用口罩、医用防护服、呼吸机、红外体温计的企业向海关报关时，须提供书面或电子声明（模板见附件1），承诺出口产品已取得我国医疗器械产品注册证书（相关注册信息见附件2），符合进口国（地区）的质量标准要求。海关凭药品监督管理部门批准的医疗器械产品注册证书验放。上述医疗物资出口质量监管措施将视疫情发展情况动态调整。

有关医疗物资出口企业要确保产品质量安全、符合相关标准要求，积极支持国际社会共同抗击疫情。

附件：1. 出口医疗物资声明模板

2. 我国相关医疗器械产品注册信息（国家药监局网站www. nmpa. gov. cn动态更新）

商务部　海关总署　国家药品监督管理局

××××年3月31日

二、通告

（一）通告概述

通告是适用于在一定范围内公布应当遵守或者周知的事项的公文。

通告是法定的知照性公文，它的使用面比较广泛，一般机关、企事业单位甚至临时性机构都可使用，但强制性的通告必须依法发布，其限定范围不能超过发文机关的权限。通常情况下，通告为下行文。

（二）通告的类型

通告按用途可分为周知性通告、规定性通告两大类。

1. 周知性通告　在一定范围内公布需要周知或需要办理的事项。政府机关、社会团体、企事业单位均可使用。如：建设征地通告、更换证件通告、施工通告等。

2. 规定性通告　用于公布应当遵守的事项，只限行政机关使用，如：《石家庄市人民政府关于禁止燃放烟花爆竹的通告》。

（三）通告的特点

1. 规范性　通告所告知的事项常作为各有关方面行为的准则或对某些具体活动的约束限制，具有行政约束力甚至法律效力，要求被告知者遵守执行。

2. 业务性　通告常用于水电、交通、金融、公安、税务、海关等主管业务部门工作的办理要求或事务性事宜，内容带有专业性、事务性。

3. 广泛性　通告的告知范围广泛，适其用范围也很广泛。不仅在机关单位内部公布，而且向社会公布。其内容可涉及社会生活各方面，因而各级机关、企事业单位、社会团体都可以使用。此外，通告的发布方式多样，可通过报刊、广播、电视公布，也可以张贴和发文，使通告内容广为人知。

（四）通告的写法

通告由标题、正文和落款三部分组成。

1. 标题 通告的标题可以是完全式标题，也可以是省略式标题。

（1）完全式标题 由“发文机关 + 事由 + 文种”构成。如《国家药监局关于发布国家医疗器械监督抽检结果的通告》《××县人民政府关于启动重大突发公共卫生事件一级应急响应的通告》等。

（2）省略式标题 可采用“发文机关 + 文种”的形式。如：《国务院通告》；可采用“关于 + 事由 + 文种”的形式，如：由××市新型冠状病毒感染的肺炎疫情防控工作领导小组发布的《关于加强新型冠状病毒感染的肺炎疫情防控工作的通告》、由××市政务服务管理局发布的《关于疫情防控期间政务服务事项办理的通告》、由××市公安局发布的《关于在 2020 年高考期间对部分道路实行交通管制的通告》等；还可以只写文种，如《通告》。

2. 正文 正文由通告的缘由、事项和结语三部分组成。

（1）通告缘由 主要阐述发布通告的背景、根据、目的、意义等。通告常用特定承启句式“为……特通告如下”或者“根据……决定……特此通告”引出通告的事项。

（2）通告事项 是通告全文的核心部分，包括周知事项和执行要求。撰写这部分内容，首先要做到条理分明，层次清晰。如果内容较多，可采用分条列项的方法；如果内容比较单一，也可采用贯通式方法。其次要做到明确具体，需清楚说明受文对象应执行的事项，以便于理解和执行。

（3）通告结语 用“特此通告”或“本通告自发布之日起实施”的表达，有时也可省略。

3. 落款 落款包括发文机关署名和成文日期。发文机关名称使用机关全称或规范化简称。

（五）通告的写作注意事项

1. 通告事项要符合国家有关政策 通告的撰稿者要有政策观念，以政策衡量通告的事项，确保其不与现行政策抵牾，不搞不符合法律程序的“土政策”。

2. 要尽量选择大众熟悉的行业用语 通告可以用来处理带有一定专业性的公务，因此在写有关专业性的内容时，要注意尽量选择大多数人熟悉的行业用语。同时，也要求撰稿者有一定的专业知识。

3. 内容要突出，一事一告 通告是在一定范围内公布需要周知、办理或是需要遵守的事项，因此，内容一定要突出，一事一告，才能给人以深刻印象。

【例文】

××市关于全民免费核酸检测的通告

为坚决阻断疫情传播渠道、科学精准有效做好我市疫情防控工作，按照××省疫情防控指挥部要求，××市疫情防控指挥部决定，从 8 月 1 日起至 8 月 2 日，对全市常住人口和流动人口进行免费核酸检测，有关事宜通告如下：

按照“市级统筹、分批实施，安全有序”的原则，市卫健局将统筹调度全市检测机构，以乡镇、街道为单位进行核酸检测。8 月 1 日为共济街道、新华街道、文兰街道、岭东街道、铁东街道、岗店街道、祝华街道和轴承产业开发区检测，8 月 2 日为所有乡镇和其他街道检测。以各乡镇街道和轴承产业开发区为单位，认真负责检测对象的信息采集，主动与检测机构对接。医疗卫生机构负责采样工作，主动做好工作联系和定点服务工作。

此次核酸检测费用由财政承担。希望广大市民朋友们打消顾虑，听从乡镇、街道和村（社区）统一安排，主动接受采样和筛查，有序排队参加检测，做到应检尽检、不漏一人，众志成城，同心抗疫，坚决打赢这场疫情防控阻击战，坚决不让来之不易的疫情持续向好形势发生逆转，共同保卫××市安全、守护家园平安。

××市统筹推进新冠肺炎疫情防控和经济社会发展工作指挥部

××××年 7 月 31 日

知识拓展

公告和通告的区别

公告的发文机关级别更高（多为省、部、以上机关）；宣布的事项更重大；告知的范围更广，是面向国内外；发布的方式一般不采用张贴，而是通过通讯社、电台、报刊。

通告的使用机关范围最大，各级党政机关单位都可以发布；内容有时具有专门性（如银行、交通方面的），而事项则更一般化；发布方式多种多样，可张贴，也可通过报刊、电台发布。

第三节 通 知

PPT

案例讨论

【案例】 为了提高相关人员的中医药服务能力水平，促进中药饮片、中成药的临床合理化应用，保障人民群众健康权益，××市卫生健康委制定了《××市非中医类别医师中医药知识培训考核工作方案（试行）》，现予以公布。办公室主任让秘书小李拟写一份颁布性通知。小李应该知晓有关颁布性通知的哪些知识？

【讨论】 1. 颁布性通知的结构是怎样的？

2. 颁布性通知的写作事项有哪些？

一、通知概述

根据《党政机关公文处理工作条例》规定，通知适用于发布、传达要求下级机关执行和有关单位周知或者执行的事项，以及批转、转发公文。

通知一般为知照性的下行文，是运用最广泛的公文，因此在公文中有“老黄牛”的美称。

二、通知的类型

根据内容和用途的不同，通知可以分为以下四大类。

（一）颁转性通知

包括颁布性通知、转发性通知和批转性通知三种类型。

1. 颁布性通知 又称发布性通知，主要用于颁布、发布、公布和印发党政机关制定的规章制度，包括条例、规定、办法、方案等。颁布性通知颁布的是本机关、本单位、本部门制定的规章制度、法规条文。如：《国家卫生健康委关于发布〈人群维生素D缺乏筛查方法〉等2项推荐性卫生行业标准的通知》《××市卫生健康委员会关于印发〈××市中医药文化宣传教育基地管理暂行办法〉及〈××市中医药文化宣传教育基地基本标准（2020版）〉的通知》等。

2. 转发性通知 主要用于转发上级机关和不相隶属机关的公文给下级机关或所属部门。如：《内蒙古自治区卫生健康委员会关于转发国家中医药管理局进一步强化中医医疗机构新冠肺炎疫情防控工作的通知》，即作为下级机关的内蒙古自治区卫生健康委员会转发其上级机关国家中医药管理局《关于进一步强化中医医疗机构新冠肺炎疫情防控工作的通知》。

3. 批转性通知 主要用于上级机关批转下级机关的公文给下级机关、单位、所属部门，使其周知、执行。如：《国务院关于批转发展改革委等部门法人和其他组织统一社会信用代码制度建设总体方案的通知》，即国务院批转发展改革委等部门的《法人和其他组织统一社会信用代码制度建设总体方案》给下级机关、所属部门。

（二）指示性通知

主要是指上级机关对下级机关的工作进行部署、指示与指导时所使用的一种公文。指示性通知的内容较为重要，且篇幅较长，一般要求说明工作背景、工作内容与工作要求，重在宏观指导。这种通知具有政策性和指导性，主要用于对重要工作、重大问题阐明方针政策和提出工作原则。如：《国务院深化医药卫生体制改革领导小组关于进一步推广福建省和三明市深化医药卫生体制改革经验的通知》《四川省中医药管理局关于做好中医药传统知识收集整理的通知》等。

（三）事务性通知

主要用于处理日常工作中具有事务性的事项，通常把某项工作的相关内容和要求，以通知的形式传达给下级机关和下属部门或有关单位。会议通知是事务性通知中最为常见的一种类型。如：《××省人民医院关于召开公共卫生服务项目培训会议的通知》等。

（四）任免通知

主要用于党政机关、企事业单位任免和聘用干部。如：《中共××医院关于李××、王××等同志职务任免的通知》等。

三、通知的特点

（一）多样性

通知的功能多样，可以用来布置工作、传达指示、告知事项、发布规章制度、批转和转发公文、任免工作人员等。

（二）指导性

上级机关向下级机关部署和指导工作、批转和转发文件时，需要阐明处理某些问题的原则和方法，这对下级机关工作的开展具有较强的指导作用。

（三）广泛性

通知的广泛性集中体现在发文机关具有广泛性，上至国家党政机关，下至企事业单位、社会团体都可以使用通知。

（四）时效性

通知事项一般是要求立即知晓，在规定的时间内执行或办理的，不能拖延。有些通知只在指定的一段时期内有效，特别是会议通知。随着工作的结束，通知也就失去了效力。

四、通知的写法

通知一般由标题、主送机关、正文和落款四部分构成。

（一）标题

通知的标题一般使用完全式标题，即由“发文机关＋事由＋文种”构成。如：《国家卫生健康委办公厅关于进一步做好新冠肺炎疫情防控期间继续医学教育有关工作的通知》（国卫办科教〔2020〕534号）。

通知有时可以采用省略式标题，由“事由＋文种”组成。如：《关于进一步做好疫情防控期间困难群众兜底保障工作的通知》（×肺炎组发〔2020〕14号）、《关于做好2020年基本公共卫生服务项目工作的通知》（国卫基层发〔2020〕9号）等。

由于颁转性通知侧重转述公文，其标题的拟制较为复杂，大致如下。

1. 颁布性通知标题的写法　常用格式为：发文机关＋关于＋公布（发布、颁布、印发）《××××》＋的＋通知。如：《国家卫生健康委 国家中医药管理局关于印发＜医疗联合体管理办法（试行）＞的通知》（国卫医发〔2020〕13号）。

2. 转发性通知标题的写法　比较复杂，大致可分为以下两种。

（1）发文机关＋转发＋被转发机关的公文标题。如：《××医科大学转发教育部办公厅关于提名2020年度高等学校科学研究优秀成果奖（科学技术）的通知》。

（2）发文机关＋关于＋转发＋被转发机关的公文标题（可省略“关于”）。如：《××大学关于转发市教委做好2020年暑期安全教育工作的通知》。

3. 批转性通知标题的写法　格式为：发文机关＋批转＋被批转机关的公文标题。如：《××大学批转护理学院关于延长校外见习时间实施意见的通知》《××市卫生健康委关于批转××医院流行感冒预防工作实施意见的通知》等。

（二）主送机关

撰写通知时，通常要注明主送机关。主送机关可以是一个，也可以是多个。通知的主送机关必须用全称、规范化简称或者同类型机关的统称。

（三）正文

1. 开头　通知的开头应写明制发通知的缘由。指示性通知、事务性通知一般需要用一段文字来交代通知的背景、缘由、根据、目的、意义等；颁布性通知、转发性通知、批转性通知，可以在开头表述发布通知的缘由，但多数情况下直接以颁布、转发、批转对象作为开头，无须说明缘由；任免通知在开头应交代任免的依据。

2. 主体　不同类型的通知，其主体部分的写作亦不同。

（1）指示性通知　主体部分应写明工作开展的方法、措施和步骤。

（2）颁转性通知　主体部分一般是对颁布、转发、批转的内容进行表态，并提出执行要求。常见的结构为："为了……特制定了《××××××》，现印发给你们，请遵照执行""现将《××××××》（××〔××××〕×号）转发给你们，请贯彻执行""我×同意××的《××××××》（××〔××××〕×号），现批转给你们，请遵照执行"等。另外应特别注意，转述公文应当引用公文的标题和发文字号。

（3）任免性通知　主体部分须写明任免决定，包括任免人员和任免职务两部分内容。同时有任有免的通知，按先免后任的次序排列。

（4）事务性通知　主体部分应写明具体任务和事项。

3. 结尾　常用"特此通知""请认真贯彻执行""请遵照执行"等用语。根据内容和执行要求，有时还标有"附件"。若有"附件"，须根据《党政机关公文格式》的要求进行标注。

（四）落款

1. 发文机关署名　在正文右下方标注发文机关名称。

2. 成文日期　位于发文机关署名下一行，右空四字编排。

五、通知的写作注意事项

（一）结构要简明

为了使受文机关清楚、明白地理解通知的内容并提高办文效率，通知的结构应简明，以示庄重。通知的结构应视内容而定，通知的事项较为单一时，可采用贯通式结构，如：颁布性通知、转发性通知、批转性通知；通知的内容较为复杂时，可采用分条列项式结构，如：指示性通知。

（二）内容要具体

为了提高工作效率，通知内容的写作要具体、准确。如：会议通知应写明会议的具体时间、会议地点、参会人员等重要信息，否则会影响会议的正常召开。

（三）语言要简洁

通知的语言要通俗易懂、简洁明了，以利于受文机关快速领会通知精神、下级机关及时办理上级机关布置的工作。

【例文1】

××市卫生健康委关于组织参加全省卫生健康2020年度专项工作会议的通知

各县区卫生健康委（卫管中心、社会事业局）、委机关有关科室：

我省卫生健康委定于2020年5月30日召开全省卫生健康2020年度专项

工作会议，现将有关事宜通知如下：

一、会议内容

贯彻落实全省卫生健康大会和全省卫生健康工作会议精神，交流各地在健康××行动、规划发展、信息化建设、爱国卫生运动、人口监测与家庭发展等方面的典型经验，安排部署2020年重点工作。

二、会议时间

2020年5月30日上午9：00。

三、会议地点

市级分会场设在市卫生健康委前楼五楼会议室，各县区设分会场。

四、参会人员

（一）市级分会场

1. 分管健康××行动、规划发展、信息化建设、爱国卫生运动、人口监测与家庭发展工作的负责同志、科长及健康××行动相关科室负责人；

2. 具体从事相关工作的同志。

（二）县（区）分会场

各县级分会场参会人员由各县区卫生健康委（卫管中心、社会事业局）办公室负责组织。

五、参会要求

（一）各县区参会人员名单请于5月29日下午下班前报送至电子信箱：××××××@163. com。

（二）所有参会人员按照疫情防控要求做好个人防护，提前15分钟入场完毕。会议期间，请严格遵守会议纪律，严禁迟到、早退。

特此通知。

××市卫生健康委员会
××××年5月29日

【例文2】

关于进一步加强无烟医疗卫生机构建设工作的通知

各省、自治区、直辖市及新疆生产建设兵团卫生健康委、中医药局：

为贯彻落实《国务院关于实施健康中国行动的意见》，推进《健康中国行动（2019－2030年）》控烟行动实施，进一步巩固无烟医疗卫生机构建设成果，现将有关事项通知如下：

一、加强组织领导，全面建设无烟医疗卫生机构

建设无烟医疗卫生机构对于树立和维护医疗卫生机构良好健康形象，引领公众养成健康文明的生活方式，维护人民群众健康具有重要意义。各地要充分认识建设无烟医疗卫生机构的重要性和必要性，切实加强组织领导，本

着统一组织、属地管理的原则，动员尚未开展的医疗卫生机构尽快启动建设，鼓励已开展的医疗卫生机构保持建设成效，推动无烟医疗卫生机构建设工作全面开展。力争到2022年，全国医疗卫生机构实现全面建成的目标。

二、强化控烟措施，确保各项工作落到实处

各地医疗卫生机构要按照无烟医疗卫生机构建设指南（见附件）要求，完善工作机制，明确职责分工，保障经费投入，将无烟医疗卫生机构建设纳入年度工作计划和日常工作，推动控烟工作经常化、制度化。鼓励把无烟环境建设纳入本单位相关绩效考核，充分调动广大干部职工建设无烟环境的积极性和主动性。要有针对性地开展劝阻技巧、戒烟服务等业务培训。各级医疗卫生机构要建立健全首诊询问吸烟史制度，基层医疗卫生机构要提供戒烟咨询服务，二级及以上医院应当提供简短戒烟干预服务，鼓励将戒烟服务融入慢病管理。要充分发挥中医药特色优势，运用中医药技术方法，推广戒烟干预服务和烟草依赖疾病诊治。同时，要充分结合卫生城镇、文明城市创建以及健康城镇建设，持续推进无烟医疗卫生机构建设。

三、加大宣传力度，营造良好的无烟环境建设氛围

各地可结合世界无烟日以及各种卫生健康日等节点，通过会议培训、讲座、巡展、宣传栏、电子屏等形式，充分利用电视、广播、报纸等传统媒体和微博、微信、短视频平台等新媒体，对无烟医疗卫生机构建设政策要求、烟草危害科普知识、戒烟服务信息等进行广泛宣传，营造全民参与控烟、人人享有健康的良好氛围。要对各医疗卫生机构的好经验、好做法进行总结和报道，挖掘示范典型，进行经验推广和交流。

四、定期开展评估，巩固无烟医疗卫生机构建设成效

各地要加强指导管理，建立健全评估机制，定期对本区域内医疗卫生机构开展无烟环境情况明察暗访，适时委托第三方进行评估，并及时通报相关结果。要用好评估分析结果，及时发现工作中存在的问题，有针对性地指导改正，不断补齐工作短板，持续强化无烟医疗卫生机构建设。国家卫生健康委、国家中医药局将适时组织开展国家级调研指导、第三方暗访评估等活动，并及时通报结果。

自本通知印发之日起，《卫生部 全国爱卫办关于印发<无烟医疗卫生机构标准（试行）>的通知》（卫妇社发〔2008〕15号）、《国家卫生计生委办公厅关于进一步加强控烟履约工作的通知》（国卫办宣传发〔2014〕8号）同时废止。

附件：无烟医疗卫生机构建设指南

国家卫生健康委　国家中医药局

××××年7月23日

PPT

第四节　通　报

案例讨论

【案例】新冠肺炎疫情发生以来，××市各级公安机关以铁一般的信念与担当，全员冲锋在前，强力推进抓防控、保稳定、护安全等各项工作，涌现了一批先进集体和个人，为进一步激励先进，提振士气，弘扬正气，现对在本次疫情防控阻击战中表现突出的先进集体和先进个人予以通报表扬。

【讨论】1. 这份通报属于哪种类型的通报？

2. 通报的结构要素包括哪些？

一、通报概述

《党政机关公文处理工作条例》规定，“通报适用于表彰先进、批评错误、传达重要精神和告知重要情况”。通报属于告知性的下行文，是一种教育性、告诫性、指导性很强的公文，各级各类党政机关、企业、事业单位、社会团体都可以使用。

二、通报的类型

根据内容不同，通报可以分为表彰性通报、批评性通报和情况通报三种类型。

（一）表彰性通报

用来表彰先进单位和先进个人，介绍先进经验或事迹，树立典型，号召大家学习的通报。如：《陕西省卫生健康委关于2019年优质护理服务先进科室和先进个人的表彰通报》。

（二）批评性通报

用来批评、处分错误，以示警诫，要求被通报者和大家吸取教训的通报。如：《广州市天河区市场监管局关于2020年第3期不合格食品药品核查处置情况的通报》。

（三）情况通报

是在一定范围内传达重要情况和动向，以指导工作为目的的通报。如：《国家卫生健康委办公厅关于2019年度母婴安全行动计划实施情况的通报》。

三、通报的特点

（一）典型性

不论何种通报，其通报的人和事都需要具备一定的典型性，能够反映、揭示事物的本质规律，具有广泛的代表性和鲜明的个性。这样的通报才能树立榜样、宣传先进，教育大众、使受文者引以为戒，传达情况、引起受文者重视。

（二）教育性

无论表扬性通报、批评性通报还是情况通报，其目的都在于通过典型的人和事引导人们辨别是非、总结经验、吸取教训、弘扬正气、树立新风。

（三）真实性

通报是正式公文，无论是表扬、批评或通报情况，都代表着一级组织的意见，一定要基于真人、真事和真实情况，做到客观、公正，不夸大、不贬低，严格依据现有的政策规定进行奖惩。这样的通报才具有说服力，才能起到表彰、鼓励或惩戒、警示的作用。

（四）时效性

通报内容的典型性、引导性都是就特定的社会背景而言的，只有及时的通报才能发挥引导教育的功能。

四、通报的写法

通报一般由标题、主送机关、正文和落款四部分组成。

（一）标题

通常有以下几种构成形式。一种是由“发文机关名称 + 事由 + 文种”组成，如《××省卫健委关于2020年第二季度全省卫生监督执法机构查办案件情况的通报》；另外一种是由“事由 + 文种”构成，主要因为通报的落款要署发文机关名称，故标题中可省去发文机关，如《关于表彰全国食品药品监督管理系统先进个人的通报》。此外，有少数的通报，其标题是在文种前冠以机关单位名称，如《中共××市纪律检查委员会通报》；也有的通报标题只有文种名称。

（二）主送机关

除普发性通报外，其他通报应该标明主送机关。通知的主送机关一般为下属机关。

（三）正文

1. 表彰性通报　在规格上，低于嘉奖令和表彰决定，但也是以发公文的形式对个人或集体进行表彰，因此也应当是比较郑重和严肃的。表彰性通报的正文可分为四个部分，以《舟山市机关事务管理中心关于表彰2019年度各类先进的通报》为例进行介绍。

（1）先进人物或集体的事迹介绍　这一部分介绍先进人物或集体的优秀表现，写清时间、地点、人物和基本事件过程，篇幅不能过长。具体如下。

2019年，全市机关事务管理系统坚持以习近平新时代中国特色社会主义思想和党的十九大精神为指引，认真贯彻落实全国和省机关事务工作会议精神，围绕市委市政府重大决策部署和中心任务，全面提升机关事务管理工作水平，推动机关事务工作高质量发展。

（2）先进事迹性质和意义　评价先进事迹的性质和意义，主要采用议论的写法，文字要精练。具体如下。

涌现出的一批先进集体和个人，为建设‘四个舟山’提供了坚实的后勤支撑。

（3）表彰决定　这部分需简洁点明表彰决定。具体如下。

为表彰先进、树立榜样，充分调动干部职工的积极性、主动性，经研究决定，对2019年度各类先进予以通报表彰。

一、2019 年度工作先进单位（处室）

市机关服务中心、办公室、接待二处

二、2019 年度信息宣传工作先进单位（处室）

市级：市机关服务中心、办公室

县区：××区机关事务管理中心、××区机关事务管理中心

三、2019 年度信息宣传先进个人名单（略）

四、2019 年度机关后勤服务“首席员工”名单（略）

（4）希望号召　这部分是通报必须有的结尾部分，用来提出希望、发出号召。具体如下。

希望受表彰的先进单位和个人再接再厉，再创佳绩，继续在今后的工作中发挥模范带头作用。希望全市机关事务管理系统全体干部职工以先进为榜样，积极进取，勤奋工作，为推进机关后勤事业发展作出新的更大贡献。

2. 批评性通报　针对某一错误事实或某一错误倾向而发布的通报，有针砭、纠正、惩戒和教育的作用。批评性通报可分为三个部分，在此以某医院关于对内一科医生张某的处罚通报为例进行介绍。

（1）错误事实或现象　如果是对个人的错误进行处理的通报，要在这部分写明错误人的基本情况，包括姓名、所在单位、职务及错误事实，表述要简明扼要、结构要完整清晰。具体如下。

2020 年 7 月 10 日 20：00，内一科住院病人王××，诉头痛、头晕，家属喊值班医生张××进行处理，给予心脏听诊后，告知患者卧床休息，约 20 分钟后患者诉头晕加重，家属再次请医生进行处理，并要求测血压，当事医生认为该患者不属自己管床，对病人家属的询问较不耐烦、态度较差，并与病人家属发生争执。

（2）错误性质或危害性分析　综合性不良现象分析性文字可能要复杂一些，而处理单一错误事实的通报，一般都写得比较简短。具体如下。

患者家属曾两次投诉到院部，造成其他家属认为我院医务人员极端不负责任，该行为给医院的声誉造成了极大的损害。

（3）惩罚决定或处理措施　对单一错误事实进行处理，要写明根据什么规定、经什么会议决定、给予什么处分等。具体如下。

鉴于以上调查情况属实，当事医生认识态度较好，经院部研究决定，给予全院通报批评，并扣除绩效工资 200 元。

（4）提出希望和要求　发文机构提出希望和要求，使得受文单位或个人能够高度重视，并引以为戒。具体如下。

请各科医务人员引以为戒，切实转变工作作风，改善服务态度，值班期间应负责处理好全科医疗工作，并严格遵守医院各项规章制度，进一步提高认识，杜绝类似现象发生。

如果是针对违纪比较严重的现象进行通报，结尾措辞还可以更严厉一些。

3. 情况通报　为了让下级单位对一些重要事件或全局状况有所了解，上级机关应适时发布通报。例如：《浙江省人民政府办公厅关于 2019 年度省政府部门绩效考评情况的通报》。

情况通报的正文由三个部分构成。

（1）缘由和目的　情况通报的开头应首先叙述基本事实，阐明发布通报的根据、目的、原因等。具体如下。

2019 年是中华人民共和国成立 70 周年。一年来，面对国内外风险挑战明显上升的复杂局面，省政府各部门在省委、省政府的坚强领导下，按照两强三提高要求，深入实施富民强省十大行动

计划，突出稳企业、增动能、保平安，聚焦聚力高质量发展、竞争力提升、现代化建设，圆满完成了年初确定的各项目标任务。

根据省政府部门绩效考核评价办法和省政府改革创新业绩突出单位评选有关规定，经省政府常务会议审定如下：

（2）情况与信息　这一部分通常内容较多、篇幅较长，要梳理归类。具体如下。

经省政府常务会议审定：省发展改革委、省财政厅、省商务厅、省公安厅、省生态环境厅、省市场监管局、省经信厅、省卫生健康委、省交通运输厅、省水利厅、省科技厅、省人力社保厅、省大数据局、省审计厅、省国资委等15家单位为2019年度省政府部门绩效考评优秀单位；省农业农村厅、省自然资源厅、省民政厅、省文化和旅游厅、省建设厅、省地方金融监管局、省应急管理厅、省司法厅、省教育厅、省医保局、省机关事务局、省药监局、省统计局、省残联、省林业局、省粮食物资局、省外办、省监狱管理局、省供销社、省体育局、省民宗委、省广电局、省人防办、省退役军人事务厅等24家单位为绩效考评良好单位；同时，省发展改革委、省地方金融监管局、省大数据局为2019年度省政府改革创新业绩突出单位。

（3）希望与要求　在明确情况的基础上，对受文单位提出一些希望和要求，这部分是全文思想的归结之处。具体如下。

2020年是高水平全面建成小康社会和“十三五”规划的收官之年。各地、各部门要高举习近平新时代中国特色社会主义思想伟大旗帜，坚持新发展理念，紧扣高水平全面建成小康社会目标任务，充分展现阻击新冠肺炎疫情中的治理能力、战斗能力和精神风貌，对标先进、补齐短板，锐意进取、开拓创新，确保高水平全面建成小康社会和“十三五”规划圆满收官，为实现“两个高水平”的奋斗目标做出新的更大贡献！

（四）落款

在正文之后的右下方写明发文机关和成文日期，并加盖公章。

五、通报的写作注意事项

（一）材料的典型性

通报的题材，不论是表彰性的、批评性的还是通报情况的，都要求有典型意义，否则缺乏广泛的指导价值。

（二）行文的时效性

对于工作中好的和不良的倾向和苗头，都要能及时发现，并予以表彰或批评，错过时机就会失去通报对实际工作的指导作用。

（三）事实的准确性

发文机关必须认真核实所通报的事实，无论是对好人好事的宣扬，还是对不良倾向的批评，都要力求恰当，掌握好分寸。

（四）用语的简明性

在用语上，应当注意言简意赅、详略得当，切记不可拖泥带水、长篇大论，要力求文实相符，不讲空话、套话，不讲过头的话。

知识拓展

通报与通告、通知的区别

1. 所告知的对象不同　通报是上级机关把工作情况或带有指导性的经验教训通报下级单位或部门，无论哪种通报，受文单位只能是制发机关的所属单位或部门。

通告所告知的对象是全部组织和群众，它所宣布的规定条文具有政策性、法规性和某种权威性，要求人们遵照执行，一般都要张贴或通过电台、电视台等新闻媒体大力宣传。

通知一般只通过某种公文交流渠道，传达至有关部门、单位或人员，它所告知的对象是有限的。

2. 制发的时间不同　通报制发于事后，往往是对已经发生了的事情进行分析和评价，通报有关单位，利于从中吸取经验教训。

通告和通知制发于事前，都有预先发出消息的意义。

3. 目的不同　通告是公布在一定范围内必须遵守的事项，有着较强的、直接的和具体的约束力。

通报主要是通过典型事例或重要情况的传达，向全体下属进行宣传教育或沟通信息，以指导、推动今后的工作，一般不对工作进行具体部署与安排。

通知主要是通过具体事项的安排，要求下级机关在工作中照此执行或办理。

4. 作用不同　通报可以奖惩有关单位和人员。通告和通知无此作用。

【例文 1】表彰性通报

××省人民政府关于表彰 2019 年度县域经济高质量发展先进单位的通报

各市人民政府，各县（市、区）人民政府，省政府各部门、各直属机构，各大企业，各高等院校：

近年来，全省各级、各部门以习近平新时代中国特色社会主义思想为指导，认真贯彻党的十九大和十九届二中、三中、四中全会精神，全面落实省委、省政府关于深化扩权强县改革促进县域经济高质量发展的决策部署，以扩权强县改革为主线，扩大县域经济发展自主权，破除制约县域经济发展的体制机制障碍，涌现出一批先进典型。为表彰先进，进一步激发县域经济发展活力，增强县域经济发展动力，经研究决定，对 2019 年度 10 个“高质量发展先进县”、10 个“高质量发展进步县”及 12 个“专项评价先进县”进行通报表彰。

希望受表彰的单位珍惜荣誉，再接再厉，争取更大的成绩。各级、各部门要以先进为榜样，努力开拓创新，为建设新时代现代化强省做出新的贡献。

××省人民政府

××××年 7 月 17 日

【例文2】批评性通报

××医院关于对驾驶员的处罚通报

各科室、各职能处室：

2019年7月23日早上7时48分我院急诊中心接到急救电话，因无驾驶员，救护车迟迟未出诊。事后经调查了解：当日当值驾驶员×××在未履行任何请假手续且未做任何工作交接的情况下擅自脱岗；副班驾驶员×××，当日未按时到岗。对这种无组织纪律性、严重影响医院形象的行为，经院委会研究决定：处罚绩效工资600元，由二人共同承担，并给予全院通报批评。希望各驾驶员引以为戒，认真遵守医院的各项规章制度，做好本职工作，保证医院工作的顺利运转。

××医院院委会

××××年7月23日

【例文3】情况通报

关于2020年第二季度全省卫生监督执法机构查办案件情况的通报

各设区市、省直管县（市）卫生健康委，××××社会事务局，省卫生计生监督所：

为进一步加强全省卫生监督执法工作，不断提高各级卫生监督执法机构执法办案能力和水平，现将2020年第二季度全省各级卫生监督执法机构查办案件情况通报如下：

一、案件查办基本情况

2020年第二季度全省卫生健康监督执法机构共查处各类卫生健康监督执法案件3375件，罚款金额938.26万元。与上年同期相比，案件数量减少10.7%，罚款金额减少2.3%。今年以来，提起行政复议、行政诉讼案件各1件。

二、存在的主要问题与不足

（一）部分卫生监督执法机构履行职责不力，查办案件数量较少。从统计数据看，××管理局景区执法局连续2个季度查办案件数量均为“零”。2020年上半年全省有8个卫生监督执法机构查办案件数量不足10件。

（二）专业领域查处案件数量不平衡。第二季度全省共查办卫生计生监督执法案件3375件，其中，传染病防治专业案件1189件，占35.23%；公共场所卫生专业案件1179件，占34.93%；医疗卫生专业案件718件，占21.27%；学校卫生专业案件147件，占4.36%；放射卫生专业案件63件，占1.87%；生活饮用水卫生专业办案51件，占1.51%；计划生育专业案件19件，占0.56%；职业卫生、采供血卫生共计办案9件，仅占0.27%。

三、下一步工作要求

一要加大办案工作力度。执法办案是各级卫生监督执法机构的法定职责。各单位务必高度重视，要多办案、办大案、办精品案。各设区市卫生行政部门要及时向设区市政府分管领导汇报，并依据情况通报，分别约谈辖区办案数量较少的县（区、市）行政部门和执法机构主要领导，督促认真履行职责。我委将择机对上半年查办案件数量和罚款金额较少的卫生行政部门和执法机构主要负责人进行约谈。年底，全省卫生监督执法案件排名情况将向各设区市政府进行通报。

二要按时上报案件数据。各单位要高度重视案件信息报送工作，指定专人负责，确保案件数据录入及时、准确、无差错。

三要认真总结办案工作经验。各地要注意认真总结办案工作经验，积极借鉴其他单位查办案件的好经验、好做法，要通过查办大案、要案，努力提升执法水平和办案能力，树立我省卫生监督执法队伍的良好形象。

××省卫生健康委员会

××××年7月22日

第五节　报　告

PPT

案例讨论

【案例】根据××市卫生健康委员会组织开展老年健康宣传活动的要求，××市中医院组织眼科、针灸科、骨伤科等医疗专家团队在社区卫生服务中心开展了一系列义诊活动。活动结束后，准备撰写一份工作报告，将工作开展情况和发现的问题汇报上级部门。

【讨论】1. 这份报告的结构是怎样的？

2. 写作中应注意哪些问题？

一、报告概述

报告是用于向上级机关汇报工作、反映情况，回复上级机关的询问事项的公务文书。它是典型的上行文。

报告是机关、团体和企事业单位应用较多的公务文书。它既可以帮助上级机关随时了解下级的情况，对下级机关进行科学的领导和指导，也可以帮助下级机关及时接受上级机关的指导和督促，让工作少出差错，少走弯路。

二、报告的类型

按照报告的内容和性质划分，可以分为以下几种类型。

（一）工作报告

向上级机关汇报工作情况的公务文书，主要陈述工作情况、经验体会、存在问题、今后打算等内容。根据汇报的工作范围，还可以分为涉及全面工作的综合性报告和反映某项工作的专题性报告。

（二）情况报告

向上级机关汇报重大情况、特殊情况、突发情况和新情况的公务文书。

（三）答复报告

回答上级机关的询问事项或汇报上级机关交办工作情况的公务文书。

（四）递送报告

向上级机关报送文件、报表或物品的公务文书。

三、报告的特点

（一）汇报性

报告主要用于下级机关向上级机关或业务主管部门汇报工作，让上级机关掌握基本情况并及时对自己的工作进行指导，因此，汇报性是报告的一个大特点。

（二）陈述性

报告具有陈述性，是向上级机关讲述做了什么工作，或工作是怎样做的，有什么情况、经验、体会，存在什么问题，今后有什么打算；在行文上使用叙述的方法，即陈述其事，而不是像请示那样采用祈使、请求等方法。

（三）单向性

报告是下级机关向上级机关行文，是为上级机关进行宏观领导提供依据，一般不需要受文机关的批复，属于单向行文。

（四）事后性

多数报告都是在事情做完或发生后，向上级机关做出汇报，属于事后或事中行文。

（五）沟通性

报告是下级机关取得上级机关的支持、指导的桥梁；同时，上级机关也能通过报告获得信息，了解下情。因此，报告可以成为上级机关决策指导和协调工作的依据。

四、报告的写法

报告通常由标题、主送机关、正文和落款四个部分组成。

（一）标题

常见的写法有以下两种。

1. 由发文机关、事由和文种三部分构成　如：《××省食品药品质量检验研究院关于开展疫苗检验工作的报告》《××医药公司关于2020年度质量检查工作的报告》等。

2. 由事由和文种两部分构成　如：《关于2020年国家药品抽验抽样工作总结的报告》《关于开展车辆和行车安全集中教育整顿的报告》等。

（二）主送机关

一般只写一个主送机关，如果受双重领导，应该报送直接上级机关。如需送其他机关，应当采用抄送的形式。上级机关名称要用全称或者规范化简称。不能越级报告，也不能报送领导者个人。

（三）正文

正文由引言、主体和结语三个要素构成。根据报告的内容和性质的不同，引言和主体的写作略有差异。现将不同报告的引言和主体的具体写法分别阐述如下。

1. 工作报告

（1）引言　应写明报告的缘由、背景、依据或概述工作进展等。引言部分的文字表达要求语言简洁、要点突出。然后用"现将有关情况报告如下"这类语句进行过渡，以承接下文。具体如下。

为进一步贯彻习近平总书记中央政治局常委会上的讲话精神，贯彻中央政治局、国务院和省委省政府关于长春长生疫苗案件有关会议精神，根据省局党组专题会议要求，我院逐步开展疫苗检验工作，并建立相应的疫苗质量管理体系，切实提高发现问题、排查隐患的能力，用专业性保证权威性和安全性。现将有关情况报告如下：

（2）主体　主体部分主要写明工作情况、成绩和做法、经验和体会、存在的问题、今后打算等。一般采用条文式写法。

①工作情况。应概述工作内容、经过、结果和成绩。如《关于开展车辆和行车安全集中教育整顿的报告》中的工作情况，具体如下。

按照省厅《通知》的要求，我院召开办公室负责人及全体驾驶员会议，院主要领导和分管领导到会，强调加强车辆和驾驶人员管理，确保车辆行驶安全和开展车辆和行车安全集中教育整顿的重要性和必要性，并就集中教育整顿进行部署，提出要提高思想认识，严格遵守交通安全法规和我所车辆管理制度，切实把这次整顿计划好、组织好、落实好。

②存在问题。应有所分析和归纳，找出规律性认识。具体如下。

通过认真排查，查找出我所车辆安全管理中存在的漏洞，主要有：1. 学习教育不经常，存在重驾驶员业务学习、轻思想教育的现象；2. 派车单制度落实不彻底；3. 驾驶员对交通法规掌握不全面；4. 存在未按指定地点停车的现象。

③今后打算。针对存在的问题提出解决措施，可以分条目逐条陈述。具体如下。

在教育整顿中，我院坚持认真对待，从深层次查找原因，探究驾驶员队伍管理中存在的问题。并且针对查找出的问题，挖根求源，制定了一些有效措施。

1. 组织驾驶人员以集中教育和自学相结合的方式学习《道路交通安全法》及系统内部车辆安全管理的相关规定，并结合"奥运"安全防事故工作和系统内发生的车辆事故进行教育。

2. 与每名驾驶员签订安全工作责任书，明确责任义务。重申《××学院车辆管理制度》，要求每个驾驶员认真贯彻落实。

3. 对车辆实行统一管理、统一调度。做到用车有人管，派车有通知，驾车有规范，严格控制私自出车、无证驾车、违章行车等不良现象的发生。

4. 要求驾驶人员在出车前对车辆进行安全检查，确保车辆处于良好工作状态，促使驾驶人员强化防范意识，爱惜车辆，消除可能出现的事故隐患。

2. 情况报告

（1）引言　交代报告的缘由，再用“现将有关情况报告如下”这类语句过渡到主体。

（2）主体　按照“情况—原因—教训—措施”四个步骤进行说明。概述基本情况时，要注意点面结合，然后要通过深入具体的分析，找到情况产生的原因，总结经验教训，最后提出针对性措施。

3. 答复报告

（1）引言　引述上级询问来文的标题、发文字号和所要回答的问题。具体如下。

国家中医药管理局《××××》（×××〔××××〕×号）收悉。现将我省第三批中药资源普查情况报告如下。

（2）主体　针对上级的询问，说明答复依据和答复结果，或者只说明答复结果也可。如果需要答复的问题不止一个，可以按照问题进行分条说明。

4. 递送报告　此类报告只需在正文写明报送对象的名称和件数，并提出审阅或查收的愿望即可。在正文之后，根据报送对象的情况列出附件。如《关于报送 2020 年工作总结和 2021 年工作计划的报告》的主体部分，具体如下。

现将本公司 2020 年工作总结和 2021 年工作计划报上，请审阅。

附件：1. ××医药公司 2020 年工作总结

2. ××医药公司 2021 年工作计划

在结语部分，可以使用固定套语，如“专此报告”“特此报告”“以上报告，请审阅”等。

（四）落款

由发文机关和成文日期两部分组成，发文机关名称要用全称或规范化简称，并加盖公章。

五、报告的写作注意事项

（一）真实及时

真实、准确地向上级机关汇报情况，不夸大、不缩小。要有时效观念，及时行文，便于上级及时了解情况。

（二）重点突出

合理安排报告内容，做到重点突出、主次分明，不要面面俱到，不要出现与报告事项无关的内容。

（三）严遵行文规则

报告的主送机关应当是直接上级机关或部门，不可越级行文。受双重领导的机关向一个上级机关行文，必要时抄送另一个上级机关。切忌在报告事项中夹带请示事项。

【例文】

××省食品药品质量检验研究院关于2020年国家药品抽验抽样工作的报告

中国食品药品检定研究院技术监督中心：

根据《关于印发2020年国家药品抽检计划的通知》(国药监药管〔2020〕2号）要求，××省药品监督管理局高度重视，按照总局统一部署，负责全省的国家药品抽验工作实施，下达了《开展2020年国家药品抽验工作的通知》(×药监函〔2020〕59号)，结合我省自身实际情况部署了抽样任务，由××省食品药品质量检验研究院负责全省生产企业及大型批发企业的抽样工作，各设区市市场监督管理局负责本辖区的药品批发、流通、使用环节的抽样工作。省局组织各抽样单位进行了国家药品抽样工作的集中培训，对国家方案进行传达，强调了抽样程序及注意事项，并组织在抽样现场进行实地抽样培训，对抽样工作进行了规范。制定了详细的抽样方案，对抽样工作的实施进行监督指导。现将抽样工作情况报告如下：

一、任务完成情况

此次我省药品抽样共覆盖92个品种，共抽取样品442批次。其中化学药179批，抗生素36批，生化药27批，中成药154批，中药饮片44批，辅料1批，药包材1批。被抽样单位共153家，其中生产单位6家，医疗机构45家，零售企业7家，批发企业93家。国内生产单位覆盖全国共27个省份直辖市以及香港特别行政区，未被抽取到样品的生产单位省份有西藏、宁夏、新疆、青海。抽取到来自澳大利亚、日本等10国的进口药品49批次。我省所抽取的国抽药品总价为444854.13元，平均每批次为1006.45元。

二、抽样工作中出现的问题

（一）部分抽样品种价格昂贵导致被抽样单位负担过重、配合度不高，部分品种制定的抽样数量太大，实际抽样过程中很难完整抽取到该类品种。

（二）进口药品专项品种规定由口岸药品监督管理部门在口岸内对未上市的进口品种进行抽样，但在抽样平台上该专项的品种对所有省份的抽样单位开放，导致在抽样过程中容易误抽该类品种，造成退样问题。建议仅对承担该专项品种相应省份的信息平台开放抽样端口。

（三）今年国抽抽样要求同企业同品种抽满30批次的相关品种不再抽样，某些品种由于生产企业为独家，或者市面常见的生产单位家数本身就不多，导致提前抽样的抽样单位先行抽取相应品种后，后续开展抽样的单位无法再抽取到该类品种，造成样品集中分布于部分省份，覆盖面较低，无法反映全国的整体水平。

三、对抽样工作的几点建议

（一）建议承担相应品种的检验单位合理制定抽样数量，尽可能减少抽样量，或尽快采用有偿抽样，便于抽样工作的开展。

（二）部分品种调研时，虽然有批准文号的生产企业多，但实际上市面上占有份额大的生产企业就只有少数几家，该类品种是否可以考虑上调同品种同企业的截止抽样批数。

专此报告。

××省食品药品质量检验研究院
××××年8月15日

第六节 请示与批复

PPT

案例讨论

【案例】××市××医院是二级甲等综合性医院，医院现使用的CT机购置于2006年，CT机正常使用年限为7～8年，目前属于超期使用状态，设备故障频发。随着医院接诊患者数量的增加，该设备已无法保证临床工作的正常使用需求，给患者就医造成诸多不便，严重影响了医院诊疗服务的正常开展，因此急需购置CT机一台。经医院领导研究，拟向上级主管部门申请专项拨款用于购买CT机。据了解，购买一台CT机的费用约为120万元，请你替医院写一份请示。

【讨论】1. 这份请示的结构是怎样的？
2. 构成要素应该包括哪些内容？
3. 写作中应注意什么问题？

一、请示

（一）请示概述

请示，是下级机关向上级机关请求指示、批准的公文。请示是上行文，应向具有隶属关系的直接上级机关行文。

使用请示应当慎重，凡属本机关职权范围内可以解决的问题，或上级机关以往政策中明确规定的问题，不应在请示之列。请示的适用范围主要包括以下几种情况。

1. 遇有新问题，无执行依据 这里的“新问题”一是指发文机关对已有政策法规文件不理解，二是指现有政策法规文件不完善，无法指导新情况，因此请求上级机关给予政策上的指导。

2. 遇有困难，无力解决 这里的“困难”一是指工作中遇到的难以解决的问题，二是指本机关情况特殊，遇到难以执行统一规定、需要变通处理的具体问题，这两者均需要上级机关给予支持或援助。

3. 超越职权范围，无权决定 遇到本机关职权范围内不能决定或决定不了的事项时，应向上级机关请求批准后再具体处理。

4. 意见分歧，难以工作 部门工作中出现了意见分歧，难于统一，无法继续执行原方案时，应要求上级机关裁决指示。

5. 中止任务的执行 遇有突发情况或计划外事项，须中止正在执行的任务时，应向上级机关请求批准。

6. 其他 按上级机关有关规定应当请示的事项。

（二）请示的类型

根据最新的《党政机关公文处理工作条例》，按照内容和写作意图的不同，请示可以分为两类：请求指示的请示和请求批准的请示。

1. 请求指示的请示 此类请示一般是政策性请示，用于下级机关需要上级机关对原有政策规定做出明确解释，对需要变通处理的问题做出审查认定，对如何处理突发事件或新情况、新问题做出明确指示等。

2. 请求批准的请示 此类请示是下级机关针对某些具体事宜向上级机关请求批准的请示，主要目的是解决某些实际困难和具体问题。

（三）请示的特点

1. 超前性 请示必须在问题发生或事项办理之前行文，得到上级机关批准后才能付诸实施，不可“先斩后奏”或“边斩边奏”。

2. 针对性 这里指内容具有针对性。只有本机关无权决定或无力解决而又必须解决的事项，才可以用“请示”行文。请求上级机关给予指示、决断或者答复、批准，没有上级机关的指示、决断，请示事项就不能得到解决。请求帮助是最根本的行文目的，因而请示具有很强的针对性。

3. 单一性 这里指内容具有单一性。为了便于领导批复，请示行文必须是一文一事，一事一请示。也就是说，一份请示只能请求指示、批准一件事或解决一个问题，且主送机关只能有一个。

（四）请示的写法

请示通常由标题、主送机关、正文、落款和附注五部分组成。

1. 标题 分为完全式标题和省略式标题两种。

（1）完全式标题 常见的写法是：发文机关 + 事由 + 文种。如：《××市人民医院关于××的请示》。

（2）省略式标题 可以省略发文机关。常见的写法是：事由 + 文种。例如：《关于开展庆祝建国 70 周年大型文艺汇演的请示》。

需要强调的是，请示的标题中不能出现请求、申请等祈请类词语。

2. 主送机关 请示的主送机关是指负责受理和答复该文件的机关，应当使用机关全称、规范化简称或者同类型机关统称。如：各省、自治区、直辖市人民政府，国务院各部门、各直属机构。

每份请示原则上只写一个主送机关，不能多头主送。

3. 正文 正文由请示缘由、请示事项和请示结语三个要素构成。

（1）请示缘由 通常说明请示的意义、根据或背景。撰写请示缘由要实事求是，有理有据，说明充分，条例清楚，开门见山。比较复杂的缘由必须写明必要的事实和数据，原因要讲得客观具体，理由要讲得合理充分，才便于上级机关及时决断，予以有针对性的批复。

（2）请示事项　请示事项是请示正文的核心，即向上级机关提出的请求给予或指示或批准或支持和帮助的具体内容，也是陈述缘由的目的所在。要求事项具体，有可行性和可操作性，内容要单一，只能请示一件事。如果内容比较复杂，则需分条列项撰写。用语要明确、得体，不能含糊其辞。

（3）请示结语　应另起段落，习惯用语一般有“特此请示，请予批准”“妥否，请批示”“当否，请批示”“以上请示，请予审批”等。另外，结语不能写成“妥否，请批准”。

4. 落款　落款包括发文机关署名和成文日期。发文机关署名使用全称或规范化简称。成文时间用阿拉伯数字标识，要求年、月、日俱全。

5. 附注　为便于上级机关与下级机关沟通，应当在附注处注明联系人的姓名和电话。

（五）请示的写作注意事项

1. 一文一事　一个请示只能有一个请示事项，而不能包含多个请示事项。多个请示事项会给上级机关的批复带来不必要的麻烦，缺乏针对性和单一性，导致请示事项不突出、不明确，不利于所请示事项的及时解决。另外，若请示多个跨部门、跨领域的问题，也会给上级机关指示和批准带来公文处理方面的难度，影响办事效率。

2. 严遵规则　请示应根据隶属关系和职权范围确定，不得越级请示。如果因特殊情况或紧急事项不能逐级请示，必须越级行文时，要同时抄送越过的直接上级机关。请示不可直接呈送领导个人，个别领导直接交办的事项除外。请示也不可抄送同级或下级机关。

3. 语气温和谦恭　请示是上行文，文辞宜温和恳切，语气宜谦恭有礼，以显示对上级领导机关的尊重。要把握好分寸，不能用命令、催促式口吻，也不能过分谦卑。请示用词应采用“请”“拟”“建议”等，不可生硬武断。

知识拓展

请示与报告的区别

从行文方向上看，请示和报告，都是上行公文，撰写中都要注意陈词恳切、语气谦恭，即二者有近似的一面。但它们又存在明显的区别：

1. 所担负的任务、使命不同　请示要求批复，报告一般不做批复。

2. 使用时间不同　请示要事前行文，一般情况下不得“先斩后奏”；报告通常是在事后或事情进行中行文。

3. 内容繁简不同　请示一般为一文一事，而报告尤其是综合性报告，其内容往往涉及许多方面。

【例文】

××医学高等专科学校关于学生食堂改造工程专项经费的请示

××市卫计委：

我校学生食堂始建于1982年，建筑结构为框架部分砖混，屋面为老式彩钢板，窗户老化变形，供暖管道年久老化，冬季屋内温度低，二楼房顶多处漏水，室内装修破损严重。经开区食品药品监督管理局多次下达整改通知，特别是今年已经要求我校停业整改，学生食堂现已全部停业。

学校经费紧张，无力全面改造，从而给学生就餐带来诸多不便，为改善我校学生的就餐环境，保证学生在温暖舒适的环境就餐，我校现申请专项资金400万元，用于学生食堂改造工程的建设。

现恳请××市卫健委协调市政府支持我校400万元，用于学生食堂改造工程建设，促进学校的进一步发展。

妥否，请批示。

（联系人：×××，联系电话：×××××××××）

××医学高等专科学校

××××年9月27日

二、批复

（一）批复概述

批复，是上级机关答复下级机关请示事项的公文。

批复是下行文，应向具有隶属关系的直接下级机关行文。

（二）批复的类型

根据批复的内容和性质的不同，可以分为：审批性批复和指示性批复。

1. 审批性批复　主要针对下级机关请示的公务事宜，经审核后所做的指示性答复。例如机构设置、人事安排、项目设立、资金划拨等事项的审批。

2. 指示性批复　针对方针、政策性问题进行答复。不只是对请示机关做出请示事项的答复，其批准的指示性内容，在其管辖范围内具有普遍的指导和规范作用。例如授权政府职能部门发布或修改行政法规和规章的批复。

（三）批复的特点

1. 被动性　批复必须以请示为存在条件，它是专门答复下级机关请示事项的公文，只能主送请示机关。先有上报的请示，后有下发的批复，一来一往，因此批复具有被动性，这一点与其他公文有所不同。

2. 针对性　批复的针对性有两层意思：第一，批复的内容针对请示事项而发，请示什么，批复什么；第二，批复的对象针对原请示机关。批复的主送单位具有明确的针对性。批复的内容必须明确、简洁，以利于下级机关贯彻执行。

3. 权威性　批复体现的是上级机关的结论性意见，具有行政约束力，同时也是对下级工作的指导。下级机关对上级机关的答复必须认真贯彻执行，不得违背。

4. 明确性　批复的态度和观点必须十分明确。对于请求指示的请示，批复要做出明确的指示。对于请求批准的请示，批复或是同意、批准，或是不同意、不批准。有时，由于情况的复杂性，原则同意，但对个别环节提出不同的意见和要求，这是允许的，不违背态度明确的原则。但如果观点不明确、态度含糊、语言模棱两可，使请示单位不知如何处理、下级机关无所适从，就不符合基本要求了。

（四）批复的写法

批复通常由标题、主送机关、正文和落款组成。

1. 标题 分为完全式标题和省略式标题两种。

（1）完全式标题 一般为“发文机关＋事由＋文种”。如：《××市卫健委关于同意阳光医院增设床位的批复》。

（2）省略式标题 一般为“事由＋文种”。如：《关于同意调整人民广场社区卫生服务中心机构设置的批复》。

2. 主送机关 主送机关一般只有一个，即报送请示的下级机关。

3. 正文 正文由批复引语、批复意见和批复要求三个要素构成。

（1）批复引语 需要点出批复对象，通常使用“请示标题及发文字号＋收文语＋过渡语”的模式。具体如下。

你处/局/省/单位《关于……的请示》（××发〔2020〕12号）收悉/收到。现批复如下：

（2）批复意见 针对请示中提出的问题所做的答复和指示，意思要明确，语气要适当，什么同意、什么不同意、为什么某些条款不同意、注意事项等都要写清楚。

（3）批复要求 可以单独作为结尾；或是从上级机关的角度提出一些补充性意见；或是表明希望、提出号召；或是使用惯用语作结，如“此复”“特此批复”等，此种结尾也很常见。如果同意，可写要求；如果不同意，亦可提供其他解决办法。

4. 落款 落款包括发文机关署名和成文日期。发文机关署名使用全称或规范化简称。成文日期用阿拉伯数字标识，要求年、月、日俱全。

（五）批复的写作注意事项

1. 一文一批复 批复必须有针对性，即一文一批复，没有请示就没有批复。“请批对应”应当成为健全的公文运行程序。多请示一批复或有请示无批复的状况是不应出现的。

2. 依法及时 批复既是上级机关发布的指示性、政策性较强的公文，又是针对下级单位的请示事项做批复的答复性公文。因此，撰写批复要慎重及时，根据现行政策法令及办事准则，及时给予答复。

3. 态度明确 批复是针对下级请示事项的表态。对上级来说，是做出“决定”；对下级来说，是接受“指示”。因此，不管同意与否，批复意见必须十分清楚明白、态度明朗，不能含糊其辞、模棱两可。上级态度明确，才便于下级具体执行。

4. 语气肯定 批复的“决定”性质，要求语气必须肯定，这样才可对下级的行为动向有所制约，以实现其“指示”目的。

【例文】

关于同意筹建××大药房连锁有限公司的批复

××大药房连锁有限公司：

你公司《关于申请筹建××大药房连锁有限公司的请示》（××发〔2020〕×号）已收悉。经研究，同意你公司筹建药品零售连锁企业。

拟办企业名称为：××大药房连锁有限公司；

拟设注册地址：××××××××××××××××；

拟设仓库地址：××××××××××××××××；

拟任法定代表人：王××；

拟任企业负责人：李××；

拟任质量负责人：赵××；

拟任质量管理机构负责人：刘××；

拟经营范围：中药饮片、中成药、化学药制剂、抗生素制剂、生化药品、生物制品。

接此批复后，请你公司根据上述批准筹建的内容，按照国家药品监督管理局的有关要求，在3个月内完成筹建，并按程序向我局提出验收申请，经我局组织人员验收合格，核发《药品经营许可证》。你公司凭《药品经营许可证》到工商行政管理部门办理登记注册后，方可开展药品零售连锁配送业务，并在取得《药品经营许可证》之日起30日内，按规定申请GSP认证。

此复。

××省药品监督管理局
××××年9月27日

第七节　函

PPT

案例讨论

【案例】××省食品药品质量检验研究院为加快本单位食品检验检测能力建设，更好地为食品安全监管提供技术支持，拟组织相关人员前往××检验检疫技术中心参观学习。研究院办公室负责提前与对方单位联系商洽有关事宜。

【讨论】1. 与对方单位联系商洽有关事宜该用哪种应用文体？

2. 结构内容应该是怎样的？

3. 写作中应注意什么问题？

一、函概述

微课

医药大学堂
WWW.YIYAODXT.COM

函，是不相隶属机关之间商洽工作、询问和答复问题、请求批准和答复审批事项的公文，是典型的平行文。

理解函的概念时，关键在于把握“不相隶属”或“无隶属关系”的外延：同一组织系统内的平级机关（或部门）之间的关系；上级机关所属部门和下级机关之间的关系；不同组织系统的任何机关、团体、单位、部门之间的关系。这说明，除直属上下级之间隶属关系外的一切不相隶属机关之间商洽工作、询问和答复问题甚至请求批准和答复审批事项，一律用“函”。

二、函的类型

函可以从多种角度进行分类。

从发文目的的角度，函可以分为发函和复函两种。发函是提出公事事项主动向其他机关发出去的函。复函则是为回复对方的来函而被动发出的函。例如：《××药品监督管理局关于口岸药检所改造项目延期验收的复函》。

从内容和用途上，函还可以分为商洽函、告知函、询答函、请批函等。

（一）商洽函

主要用于商洽、联系有关工作或事项。如：××研究所向省检验检疫中心发函，即《关于赴××省检验检疫中心参观学习的函》，以联系商洽参观事宜。

（二）告知函

主要用于告知有关工作或活动情况。如：××医药有限公司向××医院发函，即《关于药品委托运输信息的函》，以告知药品配送运输信息。

（三）询答函

主要用于询问或答复有关事项或问题。如：××市新冠肺炎防控工作应急指挥部向各医院发函，即《关于询问××工作会议后各单位落实情况的函》，以询问各医院新冠肺炎防控工作落实情况。

（四）请批函

主要用于请求不相隶属的有关部门批准有关事项和有关部门针对请求作答的函。如：××市中医院向市发改委发函，即《关于申请批准市中医院综合楼项目的立项函》，以请求批准综合楼项目的建造。

三、函的特点

（一）沟通性

函用于不相隶属机关之间相互商洽工作、询问和答复问题，起着沟通的作用，充分体现了平行文种的功能，这是其他公文所不具备的特点。

（二）灵活性

函的格式较其他公文更为灵活，除了国家高级机关的主要函必须按照公文的格式和行文要求行文外，其他一般函比较灵活自便：可以按照公文的格式及行文要求撰写，可以有发文机关标识，也可以没有发文机关标识、不编发文字号。

（三）单一性

与其他公文相比，函具备单一性的特点。其涉及的事项单一，一份函只宜写一件事项。

四、函的写法

函通常由标题、主送机关、正文和落款四个部分组成。

（一）标题

函的标题一般有完全式标题和省略式标题两种形式。

1. 完全式标题　由“发文机关名称＋事由＋文种”构成。如：《××职业技术学院关于赴××中医药大学学习调研的函》。

微课

2. 省略式标题　由“事由＋文种”构成。如：《关于邀请参加2020年开标评标会的函》《关于××职业技术学院学习调研的复函》等。

商洽函或请批函标题中的“关于”之后，可酌情使用“商洽”“商请”“请求”之类的词语，以示礼仪和函的用途。如：××区人民政府向××中医药大学发函《关于商请共同实施“养医结合”合作项目的函》。

微课

（二）主送机关

即受文并办理来函事项的机关单位，要使用全称或者规范化简称。

（三）正文

正文部分通常由开头、主体和结尾组成。

1. 开头　主要说明致函缘由，行文应开门见山，直接入题。一般要求概括交代致函的目的、根据、原因等内容，然后用“现将有关问题说明如下：”或“现将有关事项函复如下：”等过渡语转入下文。

微课

复函的缘由部分，一般可以先引叙来文的标题、发文字号、收文时间等，然后再交代根据，以说明发文的缘由。常见的复函开头，如“你单位《关于××的函》（×函〔××××〕×号）收悉。经研究，答复如下”。

2. 主体　这是函的核心内容部分，主要说明致函事项，行文要直陈其事。发函应将商洽、询问、请批、告知的事项用简洁得体的语言清楚明白地表述出来。复函与批复的写法类似，要注意答复事项的针对性和明确性，明确写出“同意”或“不同意”；若“不同意”，要具体写明原因或具体的指导意见，用语要得体，不宜使用指令性语句。

3. 结尾　一般用礼貌性语言向对方提出希望。或请对方协助解决某一问题，或请对方及时复函，或请对方提出意见或请主管部门批准等。可使用习惯性结语，如：“特此函询（商）”“请即复函”“特此函告”“特此函复”“务希研究承复”“敬请大力支持为盼”等。

微课

（四）落款

落款一般包括发文机关署名和成文日期。若标题中已写明发文机关，落款处可以不署名，但必须加盖机关印章。

五、函的写作注意事项

（一）一函一事

为避免延误公务，不要把不相关的几件事写在一份函中，要做到一函一事，中心明确。描述事项要简明扼要，忌用套语空话。

（二）措辞得体

函的措辞应委婉得体，语气平和有礼，态度恳切谦逊。如果提出意见，要求给对方留有余地，不要强人所难。不宜使用指令性语言，更不可盛气凌人。

（三）正确区分公函与便函

公函是公务文书中的一个文种，用于处理公务；便函或信函不属于公文，是用于处理个人与组织之间或个人与个人之间的事务的。公函行文庄重严肃，文字表述简洁，有固定格式；便函或信函行文相对灵活、自由。

知识拓展

请批函与请示的区别

请批函、请示二者都有请求批准的意思，都要求措辞恳切。二者有类似的地方，但也有明显的区别。

1. 行文对象不同 请批函的行文对象是没有隶属关系的业务主管部门；请示的行文对象是直接上级领导机关。

2. 请求批准的内容不同 请批函请求批准的只是业务方面的事项；请示请求批准的事项不局限于业务方面的事项。

【例文1】

××省食品药品质量检验研究院
关于申请保留实验室内网信息管理系统的函

××省数字办：

根据省委办公厅、省政府办公厅《关于整合省直事业单位数据中心的实施方案》的文件精神，结合我院工作实际，特申请保留我院实验室内网信息管理系统，现将有关情况函告如下：

我院的门户网站系统作为我院的公众服务平台，可面向委托检验对象提供网上受理以及检验进度查询。该系统已于2017年迁入省级政务云。同时，我院承担的食品药品监督抽检和风险监测工作检验结论数据也已通过政务外网接入原食品药品监督管理局的“省药械综合监管系统”。

为了规范和管理日常食品药品检验检测业务工作，我院还运用了一套实验室内网信息管理系统（系统名为“省院统一信息平台”）。该系统是部署于内部局域网、以检验检测工作为核心、针对内设机构的业务管理系统，集成了检验业务流程管理、样品管理、资源管理、质量管理、数据管理和行政事务管理等模块，是实验室内部的日常管理和能力体系建设重要的信息系统支撑。

鉴于我院对外业务均与政务云上的系统实现对接，而我院的统一信息平台为内部局域网信息系统，为方便检验检测业务工作管理，同时避免网络的浪费，因此申请保留该系统，不迁移出本单位，请贵单位给予支持。

××省食品药品质量检验研究院

××××年7月15日

【例文2】

××研究院关于赴中国食品药品检定研究院学习调研的函

中国食品药品检定研究院：

为了进一步了解实验室工艺设计及咨询品牌造价等工作，按照××省药品监督管理局指示，我院拟组织相关人员于9月3日赴贵院学习调研，烦请贵单位相关科室及人员在百忙之中予以协助和支持。现将相关事项致函如下：

一、调研内容

学习调研药品实验室工艺设计、咨询造价及品牌。

二、调研人员名单：

院长：王××

主任：高××

迁建办科员：李××（电话：××××）

药品所负责人：高××

药品所科员：陈××

施工2人（××建设发展有限公司）

监理1人（××建设工程管理有限公司）

造价1人（××工程造价咨询有限公司）

望予以接洽。

××研究院

××××年8月2日

本章小结

内容	知识要点
公务文书概述	**【概念】** 公务文书简称公文。公文有广义和狭义之分。 广义的公文是指与私务文书相对的，党政机关、社会团体、企事业单位等社会合法组织在党政管理活动或处理公务活动中产生的各类文书。 狭义的公文，即党政机关公文，是党政机关实施领导、履行职能、处理公务的具有特定效力和规范体式的文书。《条例》规定的党政机关法定公文有15种，即决议、决定、命令（令）、公报、公告、通告、意见、通知、通报、报告、请示、批复、议案、函和纪要。 **【特点】** 1. 法定性（公文作者的法定性，公文效力的法定性，公文拟制、办理、管理的法定性） 2. 工具性（应用文是应实践活动的需要而产生、对实践活动的进行发挥实际效用的文本） 3. 规范性（公文的内容必须符合党和国家的法律、法规、方针、政策及有关规定） 4. 时效性（公文发布后，要求受文单位必须在一定时间内按其要求遵照执行） **【格式】** 公文一般由份号、密级和保密期限、紧急程度、发文机关标志、发文字号、签发人、标题、主送机关、正文、附件说明、发文机关署名、成文日期、印章、附注、附件、抄送机关、印发机关和印发日期、页码等要素组成。 版心内的公文格式各要素为版头、主体、版记三部分。公文首页红色分隔线以上的部分称为版头；公文首页红色分隔线（不含）以下、公文末页首条分隔线（不含）以上的部分称为主体；公文末页首条分隔线以下、末条分隔线以上的部分称为版记。页码位于版心外。
公告	**【概念】** 公告是适用于向国内外宣布重要事项或法定事项的公文，是一种知照性、公布性的公文。 **【特点】** 1. 发文权力的限制性（发文的权力被限制在高层行政机关及其职能部门的范围之内） 2. 发布范围的广泛性（其信息传达范围是全国、全世界） 3. 题材的重大性（公告的题材，必须是能在国际、国内产生一定影响的重要事项，或者依法必须向社会公布的法定事项） 4. 内容和传播方式的新闻性（公告的内容是新近的、群众应知而未知的事项，发布形式一般为在报刊上公开刊登） **【写法】** 1. 标题（完全式标题、省略式标题） 2. 正文（开头要简明扼要地写出公告的依据；事项部分，要写明需要公众周知的重要事项或法定事项，以及执行的有关要求；结语） 3. 落款（发文机关和成文日期）
通告	**【概念】** 通告是适用于在一定范围内公布应当遵守或者周知的事项的公文，是一种知照性的公文。

续表

内容	知识要点
通告	【特点】 1. 规范性（所告知的事项常作为各有关方面行为的准则或对某些具体活动的约束限制，具有行政约束力甚至法律效力，要求被告知者遵守执行） 2. 业务性（常用于水电、交通、金融、公安、税务、海关等主管业务部门工作的办理要求或事务性事宜） 3. 广泛性（告知的范围、内容广泛） 【写法】 1. 标题（完全式标题、省略式标题） 2. 正文（通告缘由：主要阐述发布通告的背景、根据、目的、意义等；通告事项：是全文的核心部分，包括周知事项和执行要求；通告结语） 3. 落款（发文机关署名和成文日期）
通知	【概念】 通知适用于发布、传达要求下级机关执行和有关单位周知或者执行的事项，以及批转、转发公文。通知是典型的下行文。 【特点】 1. 多样性（就通知的用途而言，通知的功能丰富） 2. 指导性（上级机关需向下级机关阐明处理某些问题的原则和方法） 3. 广泛性（集中体现在发文机关具有广泛性，国家党政机关、企事业单位、社会团体都可使用通知） 4. 时效性（通知的事项一般要求立即知晓并在规定的时间内执行或办理的，不能拖延） 【写法】 1. 标题（完全式标题、省略式标题） 2. 主送机关（需使用全称、规范化简称或者同类型机关统称） 3. 正文[包括开头、主体（指示性通知须写明工作开展的方法、措施、步骤；颁转性通知一般是对颁布、转发、批转的内容进行表态，并提出执行要求；任免性通知须写明任免决定，包括任免人员和任免职务两部分内容；事务性通知须写明具体任务和事项）、结尾三个部分] 4. 落款（发文机关署名和成文日期）
通报	【概念】 通报适用于表彰先进、批评错误、传达重要精神和告知重要情况。通报属于下行文。 【特点】 1. 典型性（通报的人和事都需要具备一定的典型性） 2. 教育性（通报的目的在于通过典型的人和事引导人们辨别是非、总结经验、吸取教训、弘扬正气、树立新风） 3. 真实性（要针对真人、真事和真实情况，做到客观、公正，不夸大、不贬低） 4. 时效性（只有及时的通报才能发挥引导教育的功能） 【写法】 1. 标题（完全式标题、省略式标题） 2. 主送机关（除普发性通报外，其他通报应标明主送机关） 3. 正文（表彰性通报：先进人物或集体事迹介绍、先进事迹的性质和意义、表彰决定、希望号召；批评性通报：错误事实或现象、错误性质或危害性分析、惩罚决定或治理措施、提出希望和要求；情况通报：缘由和目的、情况和信息、希望和要求） 4. 落款（发文机关署名和成文日期）

续表

内容	知识要点
报告	【概念】 报告是用于向上级机关汇报工作、反映情况，答复上级机关的询问事项的公务文书。报告是典型的上行文。 【特点】 1. 汇报性（主要用于下级机关向上级机关或业务主管部门汇报工作） 2. 陈述性（直陈其事） 3. 单向性（属于单向行文） 4. 事后性（事后或事中行文） 5. 沟通性（下情上达，指导下级工作） 【写法】 1. 标题（完全式标题、省略式标题） 2. 主送机关（要用全称或者规范化的简称） 3. 正文（引言：写明报告的缘由、背景、依据或引述上级询问来文的标题、发文字号和所要回答的问题；主体：详细交代报告的内容；结语：可以用固定套语） 4. 落款（发文机关和成文日期）
请示	【概念】 请示，是下级机关向上级机关请求指示、批准的公文。请示是典型的上行文。 【特点】 1. 超前性（事前行文） 2. 针对性（内容具有针对性） 3. 单一性（一文一事） 【写法】 1. 标题（发文机关 + 事由 + 文种） 2. 主送机关（使用机关全称、规范化简称或者同类型机关统称） 3. 正文（请示缘由：通常说明请示的意义、根据或背景；请示事项；请示结语） 4. 落款（包括机关署名和成文日期） 5. 附注（注明联系人的姓名和电话）
批复	【概念】 批复，是上级机关答复下级机关请示事项的公文。批复是下行文。 【特点】 1. 被动性（必须以请示为存在条件） 2. 针对性（批复的内容针对请示事项而发，批复的对象为原请示机关） 3. 权威性（批复体现的是上级机关的结论性意见，下级必须执行） 4. 明确性（态度和观点必须十分明确） 【写法】 1. 标题（完全式标题、省略式标题） 2. 主送机关（使用全称或者规范化简称） 3. 正文（批复引语：点出批复对象；批复意见：针对请示中提出的问题做答复和指示；批复要求） 4. 落款（发文机关署名和成文日期）

续表

内容	知识要点
函	【概念】 函，是不相隶属机关之间商洽工作、询问和答复问题、请求批准和答复审批事项的公文。函是典型的平行文。 【特点】 1. 沟通性（充分体现平行文种的功能） 2. 灵活性（格式较其他公文更为灵活） 3. 单一性（一函一事） 【写法】 1. 标题（完全式标题、省略式标题） 2. 主送机关（使用全称或者规范化简称） 3. 正文（开头：说明致函缘由；主体：说明致函事项；结尾：用礼貌性语言向对方提出希望） 4. 落款（发文机关署名和成文日期）

题库

习题

【单选题】

1. 公文份号一般用（　）位阿拉伯数字

A. 6　　B. 7

C. 8　　D. 9

2.（　）应当注明签发人、会签人姓名

A. 平行文　　B. 上行文

C. 下行文　　D. 函

3. 以下发文字号正确的标注是（　）

A. 粤教〔200×〕成字20号　　B. 皖工商（200×）45号

C. 京计生〔200×〕第5号　　D. 川人培〔200×〕12号

4.（　）适用于在一定范围内公布应当遵守或者周知的事项

A. 通知　　B. 通告

C. 通报　　D. 公告

5.（　）适用于向国内外宣布重要事项或法定事项

A. 通知　　B. 通告

C. 通报　　D 公告

6. 某医院任命各科室主任，应使用（　）

A. 通报　　B. 通知

C. 通告　　D. 命令

7. 某医药科技公司拟召开2020年春季营销工作会议，应使用（　）

A. 通报　　B. 通告

C. 通知　　D. 命令

8. 市水利局转发市政府关于做好防洪工作的通知，行文应选用（ ）

A. 通知　　B. 通告

C. 决定　　D. 报告

9. 党政机关、企事业单位、社会团体为表彰先进、批评错误、传达重要精神或情况所发的一种文书是（ ）

A. 通告　　B. 通知

C. 通报　　D. 报告

10. 下列关于报告的说法错误的一项是（ ）

A. 报告按行文方向分类属于上行文

B. 一份报告只能汇报一项工作

C. 主送机关名称要用全称或规范化简称

D. 报告一般是事后或事中行文

11. 批复通常由标题、主送机关、正文、（ ）组成

A. 引言　　B. 附注

C. 落款　　D. 结尾

12. 用于答复下级机关请示事件的公文是（ ）

A. 通报　　B. 请示

C. 批复　　D. 报告

13. 函的结构通常由标题、（ ）、正文、落款四部分构成

A. 主送机关　　B. 引言

C. 主体　　D. 发文机关

【多选择】

14. 公文的密级分为（ ）

A. 绝密　　B. 机密

C. 秘密　　D. 特提

15. 公告的特点有（ ）

A. 发文权力的限制性　　B. 发布范围的广泛性

C. 题材的重大性　　D. 内容和传播方式的新闻性

16. 通告的特点有（ ）

A. 规范性　　B. 业务性

C. 广泛性　　D. 针对性

17. 会议通知正文的写作要素包括（ ）

A. 会议内容　　B. 会议时间

C. 会议地点　　D. 参会人员

18. 表彰性通报的正文内容包括（ ）

A. 陈述先进事迹　　B. 评析典型意义

C. 做出表彰决定　　D. 提出希望

19. 通告的结构包括（ ）部分

A. 标题　　B. 主送机关

C. 正文　　D. 落款

20. 下列对报告的表述正确的有（　）

A. 可用于向上级机关汇报工作　　B. 可用于向上级机关请求事项

C. 可用于回答上级机关的询问　　D. 可用于向上级机关反映重大情况

21. 报告的正文包括（　）几个要素

A. 引言　　B. 主送机关

C. 主体　　D. 结语

22. 请示的特点有（　）

A. 超前性　　B. 针对性

C. 权威性　　D. 单一性

23. 函的特点有（　）

A. 范围广　　B. 灵活性

C. 沟通性　　D. 单一性

24. 下列可以作为函的结语的有（　）

A. 特此函达　　B. 特此函复

C. 务希研究承复　　D. 敬请大力支持为盼

【简答题】

1. 党政机关的法定公文有哪些文种？

2. 公告和通告两个文种的区别有哪些？

3. 通报有哪些种类？

【写作题】

1. ××医院为了保障义诊活动顺利开展、提升社会医疗服务水平，决定于3月29日上午9：00～11：00在行政楼318会议室召开2020年春季义诊工作会议，要求各科室主任参加。不得请假、迟到，提前15分钟到达会场；保持会场纪律，将手机调至静音状态。请你为该院撰写一篇会议通知。

2. 请你代表骨伤医院写一则召开第三届职工大会的请示，成文日期为2020年12月20日，其他材料自拟。

【改错题】

1. 请指出下文中的不当之处，并修改。

关于申请推迟保健食品注册检验机构
现场核查的报告

中国食品药品检定研究院食品化妆品检定所：

我所原计划于2020年12月20日前申报参加保健食品注册检验机构现场核查，目前准备工作正在积极进行中。由于用于保健食品功能和毒理试验的动物实验室目前正在改造，食品检验室理化实验室也将在2021年1月完成改造。鉴于以上原因，保健食品注册检验现场核查申请延期至明年2月进行。

专此报告。

2020年9月10日

2. 请指出下文的不当之处，并修改。

公　函

××大学校长：

首先，我们向贵校致以亲切的问候。深晓贵校府高庭阔，物实人齐，我们以崇敬和迫切的心情，冒昧地请求贵校帮助解决我们当前面临的一个难题。

事情是这样的：为了提高我们单位职工的专业理论水平和业务能力，我们决定派10位员工到贵校进修学习，学习时间为1个月。

另外，我们希望与贵校商洽，为我们单位员工在贵校学习期间提供住宿。

以上区区小事，不值得惊搅贵校，望谅解。并希望尽快得到贵校的答复。

此致。

敬礼！

××药业有限公司（公章）

××××年×月×日

第三章　事务文书

学习目标

知识目标

1. 掌握求职信、调查报告、计划、总结、简报、会议记录六种常用事务文书的概念、特点、写法。

2. 熟悉本章六种常用事务文书的写作注意事项。

3. 了解本章六种常用事务文书的类型。

技能目标

会运用所学进行本章六种常用事务文书的写作。

第一节　求职信

PPT

案例讨论

【案例1】 ××医学高等专科学校药品营销专业学生李雷毕业在即，希望能从事与所学专业联系紧密的行业。听闻××药品有限公司管理规范、业内声誉好，李雷打算去求职，并决定先递交一份求职自荐信。

【案例2】 ××药品营销总公司近年来随着市场的拓宽、公司规模越来越大、业务越来越繁忙，公司总经理的工作也日益繁重，为了让总经理能够更高效地进行决策与管理，公司决定公开招聘一名总经理助理。有四年企划工作经验的王芳综合考虑了一下自身的条件，决定去应聘这一岗位。

【讨论】 1. 李雷的这份求职自荐信的结构、内容是怎样的？

2. 为了成功地介绍自己，王芳的这封求职应聘信的结构、内容应该是怎样的？

一、求职信概述

求职信，是指求职者为寻求较理想的工作或职位，而向用人单位或领导介绍自己的基本情况、提出求职请求，以供用人单位量才录用的一种专用书信。求职信是一种书信体应用文书。

求职信的作用为：有利于求职者展示自我；有利于求职者表达求职和应聘的诚意；有利于增加求职者求职和应聘成功的概率。

二、求职信的类型

求职信一般可以分为自荐信和应聘信两类。自荐信和应聘信都是向用人单位自荐、谋求职位的书信，两种书信的写法大致相同。二者的差异在于：自荐信是在不知道用人单位是否需要聘人或没有明确用人信息的情况下自荐求职；而应聘信是在已获知用人单位公开招聘职位，欲应聘之人比对用人信息、依据自身的能力与特长、有针对性地申请职位，此种情况下的自荐求职为应聘。

三、求职信的特点

（一）目的的明确性

求职者通过求职信推销自我，以期达到引起对方注意、博取对方好感和重视、最终为对方所录用的目的。作者的意旨通常都是直截了当、明白无误地提出来，否则会直接影响作者最终目的的实现。

（二）内容的针对性

目的的明确性，决定了求职信的内容必须是针对对方的需求来介绍自己的才能、专长等。一切缺乏针对性的材料必须坚决摒弃，否则不仅于事无补，而且会适得其反。

（三）材料的真实性

写求职信必须实事求是。介绍与推荐自己时，要如实、客观，不能夸大、缩小，更不能扭曲与捏造，应以真实与坦诚来赢得用人单位的好感与信任。

（四）格式的程式化

作为一种专用书信，求职信在文体格式上有程式化的要求，称谓、正文、结尾的祝颂语、署名和日期等书信的基本项目必须齐全。

四、求职信的写法

求职信通常由标题、称谓、问候语、正文、祝颂语、落款和附件组成。

（一）标题

标题是求职信的眉目，要求写得简明、醒目，一般在首页第一行居中写明“求职信”“自荐信”或“应聘信”。

（二）称谓

即对求职信的致送对象的称呼，一般为用人单位的负责人，如：“尊敬的××院院长”“尊敬的××局局长”等。在标题之下第二行顶格书写，后用冒号提领。单位名称可写用人单位全称或规范化简称，以示庄重、严肃。得体的称谓可体现求职者对用人单位的尊重和情感的亲和力，并自然导出下文。

（三）问候语

求职信的问候语要简单明了、大方得体，一般写“您好”或“你们好”即可。

（四）正文

这部分是求职信写作的重点和核心，要用准确、简洁的文字将求职人的基本情况以及求职的依据和理由充分、具体地表述出来，以使用人单位信服并据此做出考核录用的决定。这部分大致包括以下几层内容。

1. 求职的缘由　求职信通常要说明求职的目的和缘由。其中，自荐信一般要说明求职的原因，应聘信一般要说明是从什么渠道获知该用人单位的招聘信息的。这样既有针对性，又可表示对对方的尊重。要求用语精要，一语中的。

2. 求职者的基本情况　即求职人的身份概况，包括姓名、性别、年龄、籍贯、政治面貌、就读院校、专业、文化程度、职业等要素，要如实叙写清楚，切忌采用填表式的罗列方式，而应将这些要素有机地融于一段完整的说明性文字之中，并与下文自然地衔接起来。

3. 求职者的优势与特长　这层内容是求职信写作的重中之重。它要详尽、具体地叙写求职人的实际才能、专长、取得的成绩等。写作时，要注意针对谋求的职位，突出重点，揭示出才能、专长与所取得的成绩之间的因果关系。要着力叙写求职人表现突出和不同凡响之处，用自身的“闪光点”吸引、打动对方，让对方了解自己的优势，以据此做出录用抉择。

4. 求职者的愿望和决心　要简要说明自己想谋求（应聘）什么职位、除此之外还能从事何种工作、如被录用将如何去做等，并表明期盼对方回复的愿望。字里行间要体现出自己对此职业的热爱和乐观、自信的精神面貌。

（五）祝颂语

祝颂语与一般书信的写法相同，虽然多用套语，但也应该认真斟酌，尽可能做到典雅得体、不落俗套。

（六）落款

落款包括署名和日期。署名通常要写明“求职者：×××”“自荐者：×××”或“应聘者：×××”，日期要年、月、日俱全。

（七）附件

求职信要附上足以证明自己的才能和专长的材料，如个人简历、学历证书、资格证书、获奖证书、学术成果证书等的复印件。

五、求职信的写作注意事项

（一）要树立对方意识

求职信特别强调钻研对方的资料，应依据对方的需要和感受，组织自己的说明、说服过程；一定要立足于用人单位的立场来思考问题、组织材料，确定自己的求职方向和突破点，尽可能根据用人单位的需求介绍自己。

（二）要实事求是

求职信对自己的基本情况、才能、专长、成绩的叙写，必须实事求是，有一说一，有二说二，决不能随意夸大或缩小，更不能凭空捏造、无中生有。

（三）要态度恰当，不卑不亢

求职人在推荐自己时，要做到态度恰当、不卑不亢。过于谦卑、自贬身价，会给人以碌碌无能的不良感觉；过于自傲、狂妄自大，会给人轻佻浮夸的恶劣印象。此两种态度都不可能帮助求职人达到求职的目的。因此，在用语上要力求确切，将自己的才能、专长通过具体的事实表现出来，以增加求职的真实感和可信感，而不能囿于单纯的自我评价或用词汇堆砌的方式作秀。

（四）要严肃认真，忌错漏百出

求职信的格式要规范，字体要工整，要让对方读出求职人的尊重与诚意。写好后，应多校对几次，切忌错字与漏字，否则会给对方留下马虎、草率、缺乏诚意等不良印象。

知识链接

个人简历（模板）

<table>
<tr><td>姓名</td><td></td><td>性别</td><td></td><td>民　族</td><td></td><td rowspan="5">照片</td></tr>
<tr><td>出生年月</td><td></td><td>生源地区</td><td></td><td>政治面貌</td><td></td></tr>
<tr><td>学制</td><td></td><td>学历</td><td></td><td>毕业时间</td><td></td></tr>
<tr><td>毕业学校</td><td colspan="3"></td><td>专业</td><td></td></tr>
<tr><td>求职意向</td><td colspan="3"></td><td>薪酬要求</td><td></td></tr>
<tr><td colspan="7">所学专业课程</td></tr>
<tr><td colspan="7"></td></tr>
<tr><td colspan="7">技能、特长或爱好</td></tr>
<tr><td>外语等级</td><td colspan="2"></td><td colspan="2">计算机等级</td><td colspan="2"></td></tr>
<tr><td>个人技能</td><td colspan="2"></td><td colspan="2">获奖情况</td><td colspan="2"></td></tr>
<tr><td>爱好特长</td><td colspan="2"></td><td colspan="2">其他证书</td><td colspan="2"></td></tr>
<tr><td colspan="7">学习及实践经历</td></tr>
<tr><td colspan="2">时　间</td><td colspan="5">事件经历</td></tr>
<tr><td colspan="2"></td><td colspan="5"></td></tr>
<tr><td colspan="2"></td><td colspan="5"></td></tr>
<tr><td colspan="2"></td><td colspan="5"></td></tr>
<tr><td colspan="7">联系方式</td></tr>
<tr><td>通讯地址</td><td colspan="3"></td><td>联系电话</td><td colspan="2"></td></tr>
<tr><td colspan="7">自我评价</td></tr>
<tr><td colspan="7"></td></tr>
</table>

【例文1】

求职自荐信

尊敬的××药品有限公司经理：

您好！

我叫李雷，是××医学高等专科学校学生，将于今年7月毕业。我所学专业为药品营销，通过三年的在校认真学习，我已掌握了基本的医药学知识，并取得了良好的成绩，此外，我还积极参加学校组织的各种实习活动。

大学期间，本人勤奋好学，专业基础扎实，曾多次获得各项奖学金，还担任过宣传委员，具有很强的组织与协调能力。我为人开朗、热心，有较强的沟通能力。我坚信：事业心和责任感使我能够面对任何困难和挑战。

目前，全球的药品生产与销售行业正在蓬勃发展。久闻贵公司发展潜力巨大、内部管理科学，我渴望加入其中，成为贵公司的一员，为祖国医药事业和贵公司的发展做出自己的贡献。不知贵公司是否还有职缺？至于待遇问题，当按国家和贵公司的有关规定执行，本人没有特别的要求。如蒙录用，请赐回邮。

个人简历和各项获奖证书复印件一并附上（见附件）。

此致

敬礼

自荐人：李雷

××××年××月××日

联系地址：××医学高等专科学校××班

邮　　编：××××××

电　　话：××××××

邮　　箱：××××××@×××.com

【例文2】

求职应聘信

尊敬的××总经理：

您好！

本人于1月20日在贵公司网站上获悉了招聘信息，特冒昧写信应聘总经理助理一职。

我叫王芳，××年毕业于××大学文秘专业，身高1.65米，相貌端庄，气质颇佳。在校期间，我熟谙各种应用文体的写作，能熟练操作各种办公设备，并利用课余时间学习了管理学、礼仪学等相关辅助课程，学会了很多有关商业问题的处理。本人普通话标准，测试等级为二级甲等，英语口语较流利，通过了国家四级考试，此外，略懂日语与粤语。

毕业后，本人曾供职于新世界公司企划部四年。在职期间，多次被评为优秀员工，积累了较为丰富的工作经验，自信可胜任贵公司所招聘的总经理助理一职。

一直以来，我都希望能有机会充分利用自己的工作能力，从事更大范围的工作之。看到贵公司的招聘启事，我非常开心，觉得终于盼来了施展能力的好机会。衷心希望能在您的领导下工作，竭尽全力为您分忧，做好您的左膀右臂。

我的个人简历及相关材料一并附上，如能获得面谈的机会，我将不胜荣幸。

此致

敬礼

求职人：王芳

××××年××月××日

联系地址：××省××市××公司

邮　　编：××××××

电　　话：××××××

邮　　箱：××××××@×××.com

PPT

第二节　调查报告

案例讨论

【案例】 为了摸清大别山区中医药工作的现状与发展趋势，了解人们对皖西地区中医药材的需求以及现有中医药资源对人民健康需求的满足程度和存在的问题，探讨新形势下如何更好地发挥中医药在卫生服务中的作用、如何将地方中医药工作与经济建设和农民奔小康工作有机结合，地处大别山区的××市以所辖县区为调查点开展了中医药工作调查。

【讨论】 1. 这份调查报告的结构内容应该是怎样的？

2. 在写作中应注意哪些具体问题？

一、调查报告概述

调查报告也称考察报告，是为了工作需要或特定目的，通过对某个事件、某个问题或某项工作进行深入、细致的调查，对占有的丰富材料进行科学、细致的分析研究，揭示事物的本质、引出正确的结论，以书面形式向组织和领导汇报调查情况的有叙有议的陈述性事务文书。

调查报告是调查研究成果的传递工具，为决策和调整决策提供基本依据，是调查研究成果转化为社会效益的桥梁。虽然调查报告本身不是公务文书、不具有行政效力，但是它可以为我们开展工作提供重要的借鉴和参考。

二、调查报告的类型

（一）按调查报告内容涉及的范围划分

可分为综合性调查报告和专题性调查报告。

1. 综合性调查报告　围绕某项工作或某一个核心问题，从多方面进行普遍、客观的调查，然后将调查的情况进行综合分析并提出观点和意见，以反映普遍调查结果的调查报告。它所反映的内容广泛、全面，以普遍调查结果为依据，对正确制定党的方针政策意义重大。

2. 专题性调查报告　针对一项工作、一项业务或一个问题等进行系统的调查研究后写成的、反映非普遍调查结果的调查报告。

（二）按调查报告应用的范围划分

可分为基本情况调查报告、典型经验调查报告、新生事物调查报告、揭示问题调查报告。

1. 基本情况调查报告　这种调查报告通过对现实情况的调查，及时反映社会情况，为上级机关、组织了解情况、探讨问题、研究政策、制定计划、加强管理等提供依据。它往往不直接反映政治、经济等重大问题，但也与人们的社会生活联系紧密。此类调查报告要综合各种情况，对其进行分析研究、提出明确观点，便于人们了解情况、采取切实可行的解决问题的办法。因此，各种新闻媒体都十分重视这类调查报告的报道。

2. 典型经验调查报告　这种调查报告通过反映某方面的成绩、着重介绍具体做法和成功经验，使之发挥以点带面、示范引路的指导作用。它的政策性、说明性都较强，具有普遍的指导意义，可以通过对成功奥秘等进行专题调查而写出。

3. 新生事物调查报告　这是针对社会现实中新生或新近有了长足发展的事物而写的调查报告。一般要全面地报道新生事物的产生背景、情况和特点，分析新生事物的性质和意义，指出新生事物的发展规律和发展前景。

4. 揭示问题调查报告　揭示问题调查报告分为两种：一种是研究问题调查报告，另一种是揭露问题调查报告。

（1）研究问题调查报告　是对某一值得研究和探索的问题进行调查研究，找到出现问题的原因并提出切实可行的解决办法。

（2）揭露问题调查报告　是用大量事实材料揭露问题，说明产生问题的前因后果，指出问题的严重性以引起关注，从而分析原因、总结教训、采取措施。

三、调查报告的特点

（一）针对性

调查报告一般有比较明确的意向，针对人们普遍关心的事情和亟待解决的问题而写，相关的调查取证都是围绕某一综合性或专题性的问题展开的，反映的问题也集中而有深度。

（二）写实性

撰写调查报告是为了揭示客观事物的本质和规律，因此，调查报告的材料必须真实可信，其观点结论必须经过对核实无误的数据和事实进行严密的逻辑论证、依靠正确的分析归纳而得出，务必实事求是。所以，充分了解实情和全面掌握真实可靠的素材是写好调查报告的基础。

（三）典型性

调查报告是在占有大量现实和历史资料的基础上，用叙述性的语言，实事求是地反映某一客观事物，因此，选择的材料是否典型直接影响它的意义和价值。在写作时，要恰当地选择典型、探寻事物的发展规律，以寻求解决矛盾的方法和途径。

（四）社会性

调查报告是时代的一面镜子，可以从不同的侧面客观反映社会情况和问题，具有明显的社会功能。调查报告总结的典型经验可以为方针、政策的制定和修改提供有价值的第一手材料，也可以引导舆论和新闻媒体正确看待社会热点和焦点问题，还可以鼓励扶植新生事物、传播典型经验、披露丑恶现象并帮助人们吸取教训。

（五）时效性

调查报告是针对现实工作中的新情况、新问题进行调查、分析、论证、归纳和写作，因而具有很强的时效性。在撰写调查报告时，要及时地进行调查、分析和写作，切忌拖沓、延误而使其失去现实的指导意义。

四、调查报告的写法

调查报告一般都由标题、正文和落款三部分组成。

（一）标题

常见的写法有两种。

1. 公文式　由调查对象、调查内容和文种三部分构成。如：《××市生物医药行业发展状况调查报告》《××市医药卫生行业薪酬水平调查报告》等。也有的省略调查对象，只写调查内容和文种，如：《化学药品生产调查报告》。

2. 文章式　这种标题有单双之分。

（1）单式标题　用一句话或一两个短语概括调查报告的内容，提示主题。如：《××卫生学院是如何加强内涵建设步伐的》。

（2）双式标题　由主标题和副标题组成。主标题概括调查报告的主旨或需要回答的问题；副标题显示调查对象、内容以及文种。如《格物至德　仁术济世——××医药卫生职业教育现状调查报告》。

调查报告无论采用哪种标题，都应做到具体、醒目和简明。

（二）正文

正文由前言、主体和结尾三个要素构成。

1. 前言　是调查报告的开头部分，通常是简明扼要地叙述为什么对这个问题（工作、事件、人物等）进行调查；调查的时间、地点、对象、范围、经过及采用的方法；调查对象的基本情况、历史背景及调查后的结论等。这些方面的侧重点由调查人根据调查目的来确定，不必面面俱到。前言的作用在于使读者对调查内容获得总体认识，并为主体部分的展开做好准备。

前言部分的写法也很灵活，其形式多样，常见的写法有概述式、说明式、提问式、结论式等。写作时不论采用何种方法，都要简明扼要、重点突出、具有吸引力，以便于引出下文。

2. 主体 是调查报告的重点部分，是前言的引申展开、结论的根据所在。主体的内容一般包括两个方面：一是反映已调查清楚的具体事实情况，包括事情产生的前因后果、发展经过、具体做法等；二是研究、分析事实材料所揭示的事物本质及其特点、规律，即成功的经验、有效的措施和做法，问题产生的原因、教训和解决问题的办法等。因此，调查报告要做到有理有据、先后成序、详略分明、主题突出。

调查报告的正文主体部分内容丰富，结构形式力求条理清晰、结构明快。因主体内容的不同，结构形式也有所不同。

（1）根据逻辑关系安排结构。

①横式结构。即按照问题的性质或事物的特点来组织材料，加上小标题或序号，分门别类进行阐述。横式结构使文章眉目清晰，层次分明。

②纵式结构。即按照事情发生、发展的先后顺序来组织材料。纵式结构脉络清楚，便于读者掌握问题或事件的来龙去脉。

③纵横式结构。即把横式结构和纵式结构进行穿插配合使用的结构方式。纵横式结构兼有纵式和横式两种结构方式的优点，适用于比较复杂的调查报告。

④递进式结构。即按照提出问题、分析问题、解决问题的认识过程来安排材料。递进式结构与人们认识问题的规律相一致。

（2）根据不同内容安排结构。

①“情况—成果—问题—建议”式结构。多用于反映基本情况的调查报告。

②“成果—具体做法—经验”式结构。多用于介绍典型和经验的调查报告。

③“问题—原因—意见或建议”式结构。多用于揭示问题的调查报告。

④“事情过程—事件性质结论—处理意见”式结构。多用于明辨是非的调查报告。

3. 结尾 调查报告结尾的写法也是灵活多样，或总结全文、深化主题；或揭示问题、提出意见建议；或是展望前景、指明发展方向；或是自然收尾、不再另写结尾等。但无论采用哪种形式，都必须简洁凝练，切忌拖泥带水。

（三）落款

为了对调查的内容负责，内部使用的调查报告在正文之后应署调查者（单位、调查组或个人）的名称或名字，并标明成文日期；公开发表的调查报告，大多将调查者署在标题之下，在正文之后省略落款。

五、调查报告的写作注意事项

（一）应符合相关政策方针，反映现实生活中的“新”

调查报告通常是以反映现实生活中的新事物、新问题为优势的，而这些“新”又往往是在党的方针政策的照耀下出现的。因此，在撰写调查报告前，应熟悉国家及地方的相关方针政策和法律法规，增强对新事物、新问题的敏感性和辨别力。

（二）深入调查，广泛占有丰富材料

全面、详尽地占有现实材料是写好调查报告的前提条件。调查报告的主题确立以及价值与魅

力是靠占有丰富真实的内容为依据的，没有通过调查得来的材料，就写不出有价值的调查报告。因此，在撰写调查报告之前要做好充分的调查准备：明确调查目的，拟定调查提纲，制作调查表格，明确调查对象及调查地点；安排好调查方法，如问卷调查、开调查会、个别交谈、实地考察、查阅资料等；同时，要协调好调查的时间和进度。

调查时，要深入到一线，到群众中去，态度诚恳、虚心求教，避免“坐在办公室出点子，走到下面找例子”这类现象的发生。

知识链接

怎样进行科学的调查研究

调查报告的力量来自科学高效的调查研究。那么，我们怎样才能学会科学地进行调查研究呢？

1. 要有正确的立场观点、谦虚诚恳的态度和严肃踏实的作风。

2. 要有明确新颖的调查目的和周密翔实的调查准备工作。

3. 要学会使用科学高效的调查研究方式和方法。

按照调查的广度进行分类，常用的调查方法有以下几种。

（1）普遍调查法　又叫全面调查法或统计调查法，是对研究对象全体进行无一遗漏的逐个调查。这种方法覆盖面广、准确误差小，但人力、物力、时间耗费多。此方法多用于调查一些“刚性”问题，如人口普查、工业普查等。

（2）典型调查法　又叫个案调查法，是在研究对象范围内选取个别有典型意义的对象进行调查。这种方法工作量小，可窥一斑而知全貌，但难以获得全面信息。此方法一般采用抽样或实地观察等形式进行。

按照调查的形式进行分类，调查方法还可分为询问法（问卷、访谈、调查会）、观察法和实验法。

4. 要注意积累、鉴别和整理材料。

（三）分析研究，甄选材料找出规律

“研究”是“调查”和“报告”的中间环节，是在正确思想的指导下，用科学的方法对调查材料进行分析研究。调查报告的说服力在很大程度上取决于事实，尤其是涉及和使用具体的数字来说明观点时，更要精确翔实。经过“去粗取精、去伪存真、由此及彼、由表及里”的过程，分清主与次、本质与现象，辨明真伪虚实，从而找出事物内部的联系和规律性。

（四）材料典型，做到观点与材料统一

撰写调查报告，切忌简单的罗列、堆砌材料，在对材料的研究过程中，可采用“分析”“综合”“抽象”“概括”等方法，选取最具代表性和概括性的材料，以凸显主题，避免出现以偏概全、用偶然性代替必然性以及用现象代替本质的错误。材料的选择不在多而在精，要把典型性作为选择材料的标准，选择最具说服力的材料。观点是从材料中提炼出来的，而观点确立之后，又需要材料来证明。观点统率材料，材料证明观点，做到观点和材料的完美统一。

【例文】

关于××市中医药事业发展情况的调查报告

为进一步促进我市中医药事业发展，根据市人大常委会年度工作安排，6月中下旬，市人大常委会副主任×××带领调研组成员着重就我市国家中医药综合改革试验区项目、中药材产业发展以及实行总医院制以来中医院人才队伍、经费保障和基层建设等情况开展调研。调研组听取了市政府及相关部门情况汇报并座谈，察看了市中西医结合医院、××区××中医馆和××药业有限公司，并深入××、××实地调研县中医院、部分基层中医馆以及中药材种植基地。现将有关情况报告如下。

一、主要工作和成效

近年来，我市坚持中西医并重的工作方针，在公立医院综合改革中，同步推进中医药事业健康发展。

（一）中医药发展环境不断优化。主要是市委、市政府进一步强化政策保障，先后下发了《关于扶持和促进中医药事业发展的意见》《关于促进中医药事业发展的通知》和《××市贯彻落实国家中医药发展战略规划纲要（2016－2030年）工作方案》等整体设计与指导性文件，扶持和促进中医药事业发展。

（二）基层基础逐步夯实。《××市贯彻落实国家中医药发展战略规划纲要（2016－2030年）工作方案》指出，到2030年全市有20个社区卫生服务中心、122个乡镇卫生院设有中医馆。目前，已完成投资1980万元，动工兴建国家标准化基层中医馆109个，完工69个。全市100%的社区卫生服务中心和94.3%的乡镇卫生院设置了中医科、中药房，76%的社区卫生服务站和71.2%的村卫生所配备了适宜的中医诊疗设备。

（三）中医药服务能力稳步提升。目前，100%的社区卫生服务中心和90.2%的乡镇卫生院能够提供中药饮片等6种以上中医药技术方法，能开展常见病、多发病基本医疗和基本预防保健服务等中医药服务，基本形成了以市级中西医结合医院为龙头，县（市）中医院为骨干，社区卫生服务中心、乡镇卫生院和村卫生所为基础的中医药服务网络。中医重点专科建设成效明显，市中西医结合医院耳鼻喉科、预防保健科被列为国家中医重点专科建设，市中西医结合医院中西医结合儿科、××县中医院中医外科被评为第六批省级中医重点专科，市级中医重点专科（专病）已有15个。中医特色传承有所突破，已建有全国基层名老中医传承工作室1个，省级基层名老中医专家师承带徒指导老师20人。2017年，××老药师入选第六批全国老中医药专家学术经验继承指导老师，实现零的突破。

（四）国家中医药综合改革试验区项目有序推进。市政府成立了以分管副市长为组长的国家中医药发展综合改革试验区建设领导小组，制定出台了《推进国家中医药综合改革试验区建设（2016—2018）工作方案》，将试验区建设工作纳入各部门的年度工作任务，推动了该项工作的有效落实。各县（市）根据市政府安排部署，也制定出台了具体的实施方案，共同推动试验区项目建设工作。市财政专门安排300万元用于项目引导补助，推进试验区建设。目前，我市5个市级引导补助资金建设项目，已有3项（市治未病中心、市级中药制剂平台和中医药特色传承工作室）投入使用，其他2项（市中医康复技术服务及培训中心和市级中医药文化宣传基地）正有序建设中。

二、存在的主要问题

从调研的情况看，我市中医药事业发展还存在一些需要推进和解决的问题。

（一）政策落实不够到位。目前只有××、××县将本县公立医院中医类在编专业人员的基本工资列为财政核拨，其他县（市）包括市本级均未落实。而一次性人才补助政策基本没有落实。

（二）政策倾斜力度不够。在进一步加大对中医药事业的政策扶持方面，调研中，以下两个问题反映比较集中：一是中医非药物治疗门诊报销门槛较高。二是中药饮片纳入药占比指标考核不合理。

（三）中医药专业人才缺乏。一是人才总量相对匮乏，二是队伍年龄普遍偏大，三是基层人员尤为紧缺。此外，由于中医药从业人员收入低于西医从业人员，中医药从业人员改行从事西医工作的现象时有发生。

（四）中药材产业发展滞后。一是道地药材发展规模小，二是种植产业化水平低，三是产品结构不够合理。

三、今后工作的意见和建议

为进一步推进我市中医药事业持续健康发展，针对存在的主要问题，提出以下建议：

（一）进一步落实相关政策。一是加大对中医药事业发展的投入，落实市本级公立医院中医类在编专业人员的基本工资由本级财政核拨、一次性人才培养补助经费的政策。二是督促县（市）强化经费保障，切实将本县（市）中医类在编专业人员的基本工资列为财政核拨，并兑现相应的一次性人才培养补助经费，进一步激发中医类人员的干事积极性和创造性。

（二）加大政策倾斜力度。一是取消中药饮片纳入药占比考核，二是扩大中医医保报销范围。三是建立市级中医院内制剂统筹调度平台。为此，建议参照医联体模式，建立市级中医院内制剂统筹调度平台，统筹共享全市特色中药制剂，推动中医药传承和创新。

（三）强化中医人才培养。一是稳定人才队伍，二是重视传承培养，三是强化基层建设。通过岗位培训、务实进修、跟师学习等方式，提高岗位技能、夯实中医技术骨干。

（四）夯实中药材产业基础。一是延伸产业链条，二是突出产业优势，三是扶持产业发展。在同等条件下，优先将本地药企纳入我市医保用药目录和药品采购目录。

第三节 计划与总结

PPT

案例讨论

【案例】2020年初，新型冠状病毒肺炎的传播和蔓延给家庭、社会和经济发展造成了严重危害和潜在威胁。为扎实做好新冠肺炎疫情防控各项工作，确保全体患者和医护人员的身体健康和生命安全，××市人民医院拟制定新冠肺炎防控工作计划。

【讨论】1. 作为医院办公室主任的小王该怎么安排这份复杂的工作？

2. 计划的结构内容应该是怎样的？

3. 计划的写作中应注意什么问题？

一、计划

（一）计划概述

计划是根据党和国家的有关方针、政策以及上级的指示要求，依据本部门的实际情况，对未来一定时期内工作、生产、学习等任务拟订出目标、内容、步骤、措施、时限的一种文书。

计划告诉人们应该“做什么”和“怎样做”，对工作、生产、研究、学习等具有指导或规范作用。计划是落实上级工作要求、保证正常工作秩序、提高工作效率的重要前提，它是上级传达、布置任务和下级汇报工作情况的重要渠道，是检查和总结工作的主要依据，同时也是激励团队、加强合作的重要手段。

（二）计划的类型

可依照不同的标准对计划进行分类。

1. 按内容分类 有工作计划、学习计划、文体计划、生产计划等。

（1）工作计划 即机关、团体、学校等部门或单位为进行工作而制定的计划。

（2）学习计划 即单位或个人为进行学习而制定的计划，包括政治理论学习计划、业务学习计划等。

（3）文体计划 即单位或个人为开展或进行文化娱乐和体育等活动而制定的计划。

（4）生产计划 即工矿企业、农村等为进行生产而制定的计划，包括产品产量计划、产品质量计划、产品品种计划、成本计划等。

2. 按写作方式分类 有条文式计划、表格式计划、文表结合式计划等。

（1）条文式计划 即把计划分为若干条款或部分，通过文字加以阐述，涉及的数字指标也都穿插在有关部分的文字叙述之中。

（2）表格式计划　即用表格表示计划内容，表内栏目通常包括任务项目、执行部门、完成时间、执行措施等。

（3）文表结合式计划　即计划的形式既有条文表述，又有表格的形式。

3. 按时间分类　有年度计划、季度计划、月度计划、短期计划、长期规划等。

（1）年度计划　即整个年内的生产、工作、学习的计划。

（2）季度计划　即反映一个季度内要做的事情的计划。

（3）月度计划　即反映一个月内要做的事情的计划。

（4）短期计划　即上述年度、季度、月计划等。

（5）长期规划　凡三年以上的都可称为长期规划。

4. 按范围分类　有国家计划、地区计划、部门计划、个人计划等。

（1）国家计划　即工作范围在国家层面的计划。

（2）地区计划　即工作范围在地区层面的计划。

（3）部门计划　即工作范围在部门层面的计划。

（4）个人计划　即工作范围在个人层面的计划。

5. 按作用分类　有指令性计划、指导性计划等。

（1）指令性计划　是指由上级计划单位按隶属关系下达并要求执行计划的单位和个人必须完成的计划。

（2）指导性计划　是社会主义国家下达给部门、地方和企业参照执行并运用经济杠杆来保证实现的计划。

（三）计划的特点

1. 目的性　计划是针对某种具体情况而制订的。在一定的时期内要完成什么任务、取得怎样的效果、达到怎样的具体目的，这是计划的核心内容。如果没有这样一个明确的目的，也就不称之为计划了。

2. 预想性　计划是对未来一定时期的工作或任务的预想和安排。因此，它所使用的材料以及基本内容的要素，大多不是现成的，而是通过充分认识事物的发展前景、对客观实际情况进行精确分析来获得。只有科学的预见，才可能使预想的目标实现。可以说，没有预想就没有计划。无论这种安排多么周密、多么具体，也是一种预想或期望，即计划带有强烈的预想性。

3. 全面性　计划应遵循全面考虑、统筹兼顾、瞻前顾后、严谨周密的原则，以防止疏漏。

4. 可行性　计划作为执行性文件，必须具备现实可行性。计划的各项指标、措施、办法等必须切实可行才能有效指导工作。达不到的目标、行不通的计划都只是一纸空文。没有可行性，就不能称为计划。

5. 约束性　计划体现着决策机关的要求和意图，一旦通过、下达，就具有了一定的规定性和指导性，必须严格遵照执行。

（四）计划的写法

计划通常由标题、正文和落款三部分组成。

1. 标题　计划的标题属公文式标题，但形式比较灵活，常见的写法有以下几种。

（1）由“机关名称＋时限＋事由＋文种”构成　如：《××市中医院2020年文体活动计划》。

（2）由“机关名称＋事由＋文种”构成　如：《××市儿童医院病房改造工作计划》。

（3）由“时限＋事由＋文种”构成 如：《2020年护士聘任工作计划》。

（4）由“事由＋文种”构成 如：《季节性感冒防治工作计划》。

2. 正文 正文是计划的主体部分，是具体内容，一般由前言、目标和任务、措施和步骤以及结尾构成。

（1）前言 应简要概括基本情况，并指出制订计划的政策依据以及要努力达到的目标。

（2）目标和任务 此部分是计划的核心内容，应提出工作任务以及要达到的数量和质量的指标。一般采用分条列项的方式，用小标题或者序号标明层次，然后逐项写出具体任务和具体目标。

（3）措施和步骤 此部分是完成任务的保证，要求措施具体、分工明确、步骤有序、条理清楚。

（4）结尾 应根据需要来决定写不写以及如何写。可以提出号召和希望，以激励大家为实现计划而努力；可以简要强调任务的重点和工作的主要环节；也可以说明注意事项，分析实施计划的过程中可能出现的问题和遇到的困难，以提醒大家防患于未然。另外，有些计划也把督促检查的要求作为结尾。

3. 落款 落款应写明制定计划的单位和日期。标题中已经标明单位的，在这里也可以不写；日期一般用阿拉伯数字标注年、月、日。有的计划还会在落款之后注明报送单位。

（五）计划的写作注意事项

1. 从实际出发，统筹兼顾 计划必须从实际出发、充分分析客观条件，既要有前瞻性，又要留有余地，使计划执行者通过一番努力能够完成。事关全局性的计划还应当考虑周全，将计划分解到部门，且要处理好大计划和小计划、整体与局部的关系，做到统筹兼顾。

2. 重点突出，主次分明 一段时间内要完成的事情很多，因此必须有轻重、有先后，点面结合，有条不紊，方有利于全局工作的开展，达到事半功倍的效果。

3. 目标明确，步骤具体 撰写计划时必须目标明确、步骤具体，这样才会使撰写者明确努力的方向、步骤和进程，利于检查和实施。

【例文】

××区2020年春季流行性感冒防治工作计划

为推动我区春季流行性感冒防治工作进程，根据区流行性感冒流行形势和防治工作现状，根据2019年流行性感冒防控工作开展情况，特制定我区2020年春季流行性感冒防控工作计划。

一、指导思想

坚持预防为主、防治结合的方针，动员各部门配合和社会参与，采取有效预防的方法，加大宣传，正确引导，创造良好的防治环境，保障人民群众身体健康。

二、工作目标

建立政府领导、多部门合作、社会参与的预防和控制体系，逐步建立健全防治工作的有关制度、宣传教育和卫生保健等相结合的工作网络，减少春季流行性感冒发病对个人、家庭和社会带来的影响。

三、工作措施

（一）健全领导体制，建立有效机制

各有关单位切实将春季流行性感冒防治工作纳入重要议事日程，加强领导，统筹协调，制订具体防治目标和行动计划并纳入单位目标管理考核。

（二）加大宣传力度，普及防治知识

宣传部门对防治宣传工作进行统一部署，通过各种媒体，有计划、有步骤地开展防治知识宣传教育。在公关场所设置宣传教育专栏，摆放宣传教育资料。

（三）强化防治措施，实施综合治理

加强告知和跟踪管理，卫生部门要密切配合，加大告知力度。

（略）

××××年12月16日

二、总结

（一）总结概述

总结是指社会团体、企业单位和个人在自身的某一时期、某一项目或某些工作告一段落或者全部完成后进行回顾检查、分析评价，从而肯定成绩、得到经验、找出差距、得出教训和一些规律性认识的一种书面材料。

总结所要解决和回答的中心问题，不是某一时期要做什么、如何去做、做到什么程度的问题，而是对某种工作实施结果的总鉴定和总结论，是对以往工作实践的一种理性认识。

（二）总结的类型

总结和计划一样，根据角度的不同，可分为不同的种类。

1. 按内容分类 有全面总结、专项总结等。

（1）全面总结 是对某一时期各项工作的全面回顾和检查，进而总结经验与教训。

（2）专项总结 是对某项工作或某单方面问题进行专项的总结，尤其以总结推广成果经验为多见。

2. 按范围分类 有地区总结、部门总结、个人总结等。

（1）地区总结 是对一个地区某一阶段或某项工作进行的专项总结。

（2）部门总结 是专门针对部门进行的工作总结。

（3）个人总结 是个人对一定时间阶段内所进行的实践活动的回顾、检查、分析和研究。

3. 按时间分类 有年度总结、季度总结、月度总结等，是分别按照年度、季度、月度等不同时间节点进行的总结。

（三）总结的特点

1. 真实性 总结采用第一人称，以事实为依据，真实反映工作状况。客观回顾以及不虚美、不隐恶，是总结的灵魂。

2. 概括性　总结是对已经完成的任务进行整理、归纳、概括、分析的工作，除了叙述事实，还应提炼出带有规律性的认识，以便指导以后的工作。

3. 广泛性　总结和计划一样，在人民的社会生活、日常生活中被广泛应用。对于头绪较多或比较繁复的工作，通常采用"条块分割"的方法，其中，"条"指定期或不定期地做阶段性总结，"块"指分门别类地做专项总结。

（四）总结的写法

总结通常由标题、正文和落款三部分组成。

1. 标题　总结的标题有以下两种。

（1）公文式标题　由"机关名称＋时限＋事由＋文种"构成。如：《××市中心医院2019年工作总结》。

（2）文章式标题　由"正题＋副题"构成。如：《拓展与融合之路——××市人民医院"三下乡"工作总结》。

2. 正文　总结的正文由引语、主体和结尾三部分构成。

（1）引语　应概要说明是什么样的工作或任务。

（2）主体　包括基本情况、经验和不足三个要素。基本情况是说明"做了什么"和"做得怎样"，可以介绍工作背景、取得的成绩以及简要评价；经验是介绍"如何做的"，介绍工作过程中采用的好方法、好手段，这部分是总结的重要内容；不足应提出存在的问题和改进意见，以使下一阶段做得更好。

（3）结尾　这部分的用语应简短坚定，表明工作信心和努力方向，以收束全文。常以"总之""总而言之""综上所述"等习惯词语来开头。

3. 落款　此部分要写明总结单位和成文日期。成文日期一般用阿拉伯数字标注年、月、日；以单位名义做的总结一般不在文尾署名，而是写在标题下。

（五）总结的写作注意事项

1. 材料充分　充分占有材料是写好总结的前提和基础。必须尽可能地收集概括材料、典型材料、背景材料、数字材料和群众反映。同时，应对所得材料加以核实，以确保总结的真实性。

2. 分析客观　一是要立足客观现实，从事实中分析、归纳出观点，即观点要有材料支撑；二是要把握客观规律，把握普遍性、必然性、规律性的内容；三是要进行辩证思考，既要总结成绩，又要正视问题，为今后的工作提供动力和方向。

3. 语言得体　撰写总结应以平实、朴素的语言为主，尽可能用事例和数据说话，切忌华而不实。总结属于自我评价，应采用第一人称进行写作，且语气要恰当。

知识拓展

计划与总结的关系

在实际工作中，计划与总结是使用频率较高的两种事务文书，两种文种之间有着密切的关系。事前写计划，事后写总结。计划是总结的依据，总结是计划的检验。计划和总结分别处于任务的两端，是有机结合的一对文种。写总结时，应对照计划进行检查，坚持实事求是的原则，肯定成绩、找出差距，以更好地开展下一步的工作。

【例文】

××市中医院2019年工作总结

2019年市中医院在上级党委的领导下，紧紧围绕“加强四个建设”“提升四个能力”“深化三个机制”，圆满完成了2019年各项工作任务，最大限度地满足了人民群众对医院医疗工作的各种需要，收到了良好的社会效益和经济效益。

一、深入开展民主评议行风工作，努力创建“诚信为民”医院

2019年医院按照省卫生厅、市政府、市卫生局的统一部署，在全院深入开展了以纠正行业不正之风为主要内容，以创建“诚信为民”医院为目标的民主评议行风活动。医院按照“谁主管，谁负责”和“管行业必管行风”的原则，成立了行风评议领导小组和工作机构，制定了评议行风实施方案，推行了“一岗双责”制。院领导与各科室签订了《行风目标管理责任书》，召开了患者和群众座谈会，医院的服务水平、服务质量得到了进一步提高，评议工作受到上级部门的肯定。

二、强化内涵质量，提升适应医疗市场的竞争能力和生存能力

医院本着强素质、求生存、求发展的目的，进一步强化了内涵建设，积极应对医疗市场的变化，进一步提升竞争力，加快医院发展。

（一）抓纪律，变作风

（略）

（二）抓质量，提水平

（略）

（三）抓技术，强服务

（略）

三、加强急救工作，保证生命救护通道畅通

医院加强了院前急救的培训和业务学习，并对急诊科内部运行中存在的问题进行了整改，推出了一系列新的举措。急诊服务意识、服务质量、服务水平得到明显提高。

……

总之，2019年在上级党委的正确领导下，在全院职工的共同努力下，圆满地完成了全年任务，取得了良好的社会效益和经济效益。但在工作中也有不足之处。一是竞争意识不强，面对日趋激烈的医疗市场竞争认识不够，有求稳怕乱的思想，改革力度需进一步加大。二是需要进一步加大人才培养和引进力度。三是基础设施差，跟不上业务发展的需要。

××××年11月16日

第四节　会议记录

PPT

案例讨论

【案例】××市××妇产科医院拟建设分院，方案制订过程中涉及医院餐饮工作整体规划，医院综合管理部门拟召集有关人员召开专题会议，探讨筹建的具体事宜。综合管理部的文秘干事小李被指定负责此次会议的记录工作。

【讨论】1. 会议记录应该怎样完成？

2. 结构内容应该是怎样的？

3. 写作中应注意什么问题？

一、会议记录概述

会议记录是在召开会议过程中，由专门的记录人员如实地记录会议的基本情况、与会代表发言内容和会议决定事项的一种应用文体。会议记录是帮助我们今后了解情况、进一步研究工作、总结经验的重要材料。

一份规范的会议记录，会议的时间、地点、主持者、参加者、记录者、中心议题、主要发言等记录要素须完整、清楚，能比较真实地反映座谈会的基本内容，同时也是组织者日常工作的一份记录。在进行阶段总结时，这样的原始记录是不可或缺的。

会议记录应该突出的重点有：会议中心议题以及围绕中心议题展开的有关活动；会议讨论、争论的焦点及其各方的主要见解；权威人士或代表人物的言论；会议开始时的定调性言论和结束前的总结性言论；会议已议决的或议而未决的事项；对会议产生较大影响的其他言论或活动。

二、会议记录的类型

会议记录可以从不同的角度分为不同的类型。

（一）按时间进行分类

有例会（定期会议）记录和非例会（非定期会议）记录两种。

1. 例会（定期会议）记录　指的是对定期召开的会议进行记录，往往按照固定的模式进行记录。

2. 非例会（非定期会议）记录　指的是对特定会议进行记录，按照不同的会议形式和性质采取不同的记录方式。

（二）按形式进行分类

有详式会议记录和简式会议记录两种。

1. 详式会议记录　是指对特别重要的会议或者特别重要的发言，要作详细记录。

2. 简式会议记录　是指一般会议只要求有重点地、扼要地记录与会者的讲话、发言以及决议，而不必“有闻必录”。

（三）按性质进行分类

有办公会议记录、专题会议记录、联席（协调）会议记录、座谈会议记录等，在此对前两种进行简要介绍。

1. 办公会议记录 是记述机关或企业、事业单位等对重要的、综合性的工作进行讨论、研究、议决等事项的一种会议记录。一般可分为例行办公会议记录和现场办公会议记录。

（1）例行办公会议记录 即记述例行办公会议情况及其议决事项的会议记录。

（2）现场办公会议记录 即为解决某重大问题而召集有关方面和有关单位在现场研究、议决或协商的办公会议记录。

2. 专题会议记录 是专门记述座谈会讨论、研究的情况与成果的一种会议记录。其主要特点是主题的集中性与观点意见的分呈性相结合，既要归纳比较集中、统一的认识，又要将各种不同观点和倾向性意见都归纳、表达出来。

三、会议记录的特点

（一）依附性

即会议记录是依附于会议和会议言论而形成的。没有会议便没有会议记录。

（二）真实性

即真实、准确、全面地记录会议过程和会议内容。重要会议除会议报告、会议发言、领导讲话、插话等必须翔实记载外，与会者的“掌声”等情景，都要真实、具体地记录。现在，则同时运用录音、录像等现代科技手段，更完整、生动地反映会议的真实面貌。总之，会议记录不允许以任何方式在记录中掺入记录人员的言论或倾向。

（三）完整性

会议记录对会议的时间、地点、出席人员、主持人、议程等基本情况，以及领导讲话、与会者的发言、讨论和争议、形成的决议和决定等内容，都要记录下来，一般没有太多的选择性。

（四）备考性

一些会议记录主要不是为了贯彻执行，而是为了向上汇报或向下通报，必要时可作查阅之用。

四、会议记录的写法

会议记录通常由标题、基本情况和主体三部分构成。

（一）标题

会议记录的标题比较简单，结构形式是“会议名称＋记录”，标题应居中编排。如：《××市中心医院×年×月×日第×次护理部例会记录》。

（二）基本情况

在会议记录的开头部分，要分项、完整地记录会议的有关情况，包括时间、地点、主持者、出席者、缺席者、列席者、记录者。

1. 时间　应写明开会的年、月、日，以及×时到×时，或写明上午、下午或晚上。

2. 地点　应写明开会的具体地点，如："××会议室""××宾馆×号房间"等。

3. 主持者　应写明主持会议者的姓名、职务。

4. 出席者　应写明出席会议人员的姓名、职务，或到会人员是什么级别以上。大型会议则记录在主席台或前排就座的人员姓名、职务，或记录到会总人数。

5. 缺席者　应写明缺席人员的姓名、职务及缺席原因。大型会议可记录缺席总人数。

6. 列席者　应写明列席人员的姓名、职务。

7. 记录者　应写明记录者的姓名、职务。大型会议可以有多人记录。

普通的座谈会记录，在基本情况中没有"列席者"一项。如果是重要的工作会议记录，则会议记录"七要素"必须完整、准确，且没有遗漏。另外，在级别较高的机构，为便于记录者进行记录，还可以印制专用的会议记录纸，将以上各项制成表格备用。

（三）主体

这是会议记录的核心部分，其结构由会议议题和会议内容两部分组成。

1. 会议议题　首先写明会议议题，如有多个议题，也应该在开头一并写明。

2. 会议内容　要求写明发言、决议和问题。这是会议记录的核心部分，要真实记录会议上的发言和有关动态。其中，会议发言的内容是记录的重点；其他会议动态，如发言中的插话、笑声、掌声、临时中断以及别的重要的会场情况等，也应予以记录。

会议内容的记录可分为摘要和全文两种。

（1）摘要　多数会议只需记录发言要点，即把发言者讲了哪几个问题，每一个问题的基本观点与主要事实、结论，对别人发言的态度等，作摘要式的记录，不必"有闻必录"。

（2）全文　某些特别重要的会议或特别重要人物的发言，需要记录全部内容。有录音机的，可先录音，会后再整理出全文；没有录音条件，应由速记人员担任记录；没有速记人员，可以多配几个记录速度较快的人担任记录，以便会后互相校对、补充。主持人的开场白、领导的报告、与会者的发言、会议结语以及现场情况等，要尽可能记录详尽，特别是重要观点、分歧意见或表决情况等，不能有疏漏。

会议结束，记录完毕，要另起一行写"散会"二字；如中途休会，要写明"休会"字样。

最后，会议主持人和记录人要在右下角处签名备查。

知识链接

会议记录与会议纪要的区别

会议记录不同于会议纪要，二者不能混淆。二者的主要区别如下。

第一，性质不同。会议记录是讨论发言的实录，属事务文书；会议纪要只记要点，是各级党政机关的法定公文。

第二，功能不同。会议记录一般不公开，无须传达或传阅，只作资料存档；会议纪要通常要在一定范围内传达或传阅，并要求贯彻执行。

第三，载体样式不同。会议记录的载体是会议记录簿；会议纪要作为一种法定公文，其载体为文件，享有《党政机关公文处理工作条例》和《党政机关公文格式》所赋予的法定效力。

第四，称谓用语不同。会议记录中，发言者怎么说的就应当怎么记，会议怎么定的就应当怎么写，贵在“原汤原汁”、不走样；会议纪要通常采用第三人称的写法，以介绍和叙述情况为主。

第五，适用对象不同。作为历史资料的会议记录，不允许公开发布，只是有条件地供需要查阅者查阅利用；作为公文的会议纪要，具有传达、告知的功能，因而有明确的读者对象和适用范围。

第六，分类的方法和目的不同。①分类方法不同：会议记录通常只是按照会议名称进行分类，往往以会议召开的时间顺序编号入档。而会议纪要种类很多。按其内容，可分为决议性纪要、意见性纪要、情况性纪要、消息性纪要等；按会议的性质，可分为常委会议纪要、办公会议纪要、例会纪要、工作会议纪要、讨论会议纪要等。②分类的目的不同：对会议记录的分类主要出于档案管理的需要。而对会议纪要的分类，则是有助于撰写者把握文体特点、突出内容重点、找准写作角度。

五、会议记录的写作注意事项

（一）真实准确

1. 真实　会议记录要如实地记录别人的发言，不论是详细记录还是概要记录，都必须忠于原意，不得添加记录者的观点和主张，不得断章取义，尤其是会议决定之类的内容，更不能有丝毫出入。

2. 准确　一方面要做到不添加、不遗漏，依实而记；另一方面要做到书写清楚、记录有条理、重点突出。

（二）要点不漏

记录的详细与简略要根据情况决定。一般来说，决议、建议、问题和发言人的观点、论据材料等要记得具体、详细；而对一般情况的说明，可以抓住要点、略记大概意思。

（三）始终如一

始终如一是记录者应有的态度。记录者从会议开始到会议结束都要认真负责地进行记录。

（四）注意格式

会议记录的格式无须复杂，一般需要包括会议记录的写作要素。要注意的是，通常要求：先发言记录于前，后发言记录于后。记录发言时，还要掌握发言的质量，一般来说，重点的要详记，重复的可略记。但如果是决议、建议、问题或发言人的新观点，则一定要记得详细具体。

【例文】

××区餐饮工作座谈会记录

时间：2019 年 8 月 7 日下午 14：00～15：30

地点：区政府四楼 403 会议室

主持者：综合管理处副处长×××

出席者：区卫生局检疫科科长×××、××街道副主任×××、××餐厅经理×××、××餐厅副经理×××、××蛋糕房×××共 26 人

缺席者：×××（因病）

记录者：×××

会议议题：交流我区餐饮工作管理经验，探讨改进措施

主题报告：

一、区卫生局检疫科科长×××《餐饮工作必须狠抓卫生不放松》（全文另见文稿）

二、××餐厅经理×××《建立健全岗位责任制，严格按制度办事》（全文另见文稿）

座谈发言：

赵××：我们街道对所辖 4 家餐厅加强管理，按区政府推荐的食品供应单位名册，要求各餐厅做出规范进货的承诺，并提供日常进货单位名单。多次组织对餐厅的不定期的突击检查，发现问题及时处理和敦促整改，确保将食品卫生和食品安全工作落到实处。

李×：引入新的经营理念和经营方式是办好餐饮的重要因素。我店以蛋糕品种丰富为特色，高中低档俱全，服务周到，因此吸引了很多回头客。

王×：今年，我们按照上级主管部门关于“通过 ISO 9001 认证，管理上新台阶”的要求，整理修订了岗位责任、操作流程、进货验收、卫生安全等一整套制度，并上墙公布、建立台账。平时，严格按制度办事，把好进货关、加工关和出售关。

……

主持者张××：这种形式的会，今后要定期召开，要讲究实效、推进工作、确保平安。卫生安全、花色、价格、服务、效益这几个方面，是餐饮工作的几个综合评价模块，要由单项向全能发展，各单位加强交流，取长补短，携手共进。

15：30 会议结束。

主持人签名：×××

记录人签名：×××

PPT

第五节　简　报

案例讨论

【案例1】针对冬季养生的特点，××药房开展了为期一周的冬季养生展览宣传，来以此推广冬季药物养生知识、提高人们的保健理念。此次展宣起到了良好的社会公益效果，同时也提高了药房的经营业绩，取得了理想的工作成效。据此，××药房拟编写一期专题性工作简报，用于公司内部的总结交流。

【案例2】本学期，××中医药高等专科学校成为省内首家通过省级重点实验室验收的高职高专院校；学校承办了第十二届全国中药炮制和鉴定大赛高职高专组的比赛，并取得三项大奖；此外，学校还喜获省科技成果转化奖团体奖。为此，学校要求校科研处的张磊编写一则工作简报，以报道成绩、交流经验和总结工作。

【讨论】1. 这两则工作简报应如何编写？

2. 在编写过程中应注意哪些事项？

一、简报概述

简报是党政机关、企事业单位、社会团体为及时反映情况、汇报工作、交流经验、沟通信息而编发的一种文书。简而言之，简报就是情况的简要报道。文书中常见的“简讯”“动态”“信息交流”也都属于这一文体。

根据简报的任务和性质，可以有多种命名。如：“××简报”“××动态”“××简讯”“情况反映”“信息交流”“内部参考”等。

二、简报的类型

按照不同的分类标准，简报可以划分为不同类型。

（一）按时间划分

可分为定期简报和不定期简报。

（二）按发送方向划分

有上行简报、平行简报、下行简报。

1. 上行简报　是供领导阅读以便及时掌握动态、了解下情的简报。

2. 平行简报　是供平级机关与单位互通情况、交流信息的简报。

3. 下行简报　是传达和解释上级文件精神、提出意见和要求来指导下级工作的简报。

（三）按内容划分

有工作简报、会议简报、情况简报等。

1. 工作简报　是为推进日常工作而编写的简报。该简报反映本单位本部门工作开展的情况、工作经验的介绍与交流情况以及工作中出现的问题等。工作简报又可分为综合性工作简报和专题性工作简报两种。

2. 会议简报　指会议期间为反映会议进展情况、记录会议发言中的意见和建议、通报会议决议等事项而编写的简报。重大会议的会议简报具有连续性，即通过多期简报将会议进程连续地通报出来，会议结束，简报终止。

3. 情况简报　也称动态简报，是为反映本单位、本系统发生的思想新趋势、工作新动态、情况新变化而编写的简报，可以为领导和有关部门研究工作提供鲜活的第一手资料，可以向群众通报工作、学习、生产、思想等领域的最新动态。

三、简报的特点

（一）真实性

简报所写的内容、反映的情况，必须严格遵循真实性原则。简报所涉及的时间、地点、人物、事件、起因、结果等所有要素都要求真实，所有的数据也都要确凿，切忌虚构编造。

（二）新颖性

简报要牢牢抓住工作和社会生活中的新事物、新动态、新思想、新趋势，并将这种“新”快速编写出来，从而更好地指导与推动工作。简报如果只报道一些常态化的事务，其价值和意义就不大了。

（三）时效性

简报的生命力之一就是它的时效性。写作要快，发送也要迅速，尽量在最短的时间里反映最新的现实情况，起到及时汇报和交流的作用。

（四）简明性

简报的“简”，表现在内容上，即要求内容集中且尽可能一报一事或一报一议，即使是综合性的简报，内容较多，也应该相对集中；表现在文字上，要求简明扼要、文简义丰。

四、简报的写法

简报一般由报头、报核和报尾三部分组成。

（一）报头

报头位于首页上方，约占首页的三分之一版面，通常用红线将报头与报核隔开，由简报名称、期号、保密提示、编发单位和编发日期组成。

1. 简报名称　居中排印，用大号字套红印刷。除用“××简报”“××动态”“情况反映”等常用名称之外，还可加上单位名称、专项工作等内容，如：《××制药公司安全生产简报》。

2. 期号　位于简报名称下方正中。有的是年度期数，有的是由“年度期数＋总期数”组成，如“第13期”或“第8期（总第55期）”。

3. 保密提示　如需保密，在首页报头左上角标明保密级别或“内部刊物，注意保存”等字样。

4. 编发单位　顶格写在期号左下方、间隔线的上方，须写编发单位全称。

5. 编发日期　位于期号的右下方、间隔线的上方，须写全编发的年、月、日，日期与编发单位在同一水平线上。

（二）报核

报头和报尾之间的部分就是报核。报核包含以下部分。

1. 按语（编者按） 写在间隔线的下方、标题上方。它不是简报必备的结构要素，没有必要可以不写。按语是根据简报内容而写的提示语，旨在帮助读者加深理解和认识。一般会注明“编者按”“编者的话”“按语”字样。按语代表的是编发单位的观点与意见。

2. 标题 要求简明地概括正文内容或主题，表明作者的观点。简报的标题跟新闻的标题类似，有单标题和双标题两种基本类型。

（1）单标题 将报道的核心事实或其主要意义概括为一句话作为标题。如：《我校通过国家级实验室建设审查验收》。

（2）双标题 往往分“正题＋副题”和“引题＋正题”两种情况。如《精益求精创全国一流品牌——××热水器荣获国家荣誉产品称号》《察民情 扶民困 馈民意——市民主党派开展精准扶贫活动》等。

3. 正文 简报的主要部分，由导语、主体和结尾三部分组成。

（1）导语 即概写简报的主要内容。

（2）主体 用足够的、典型的、富有说服力的材料来将导语具体化。写好主体是编好简报的关键。

（3）结尾 在结束部分，用一句话或一段话概括正文主题，做一小结。它不是必备结构，多数简报没有专门的结束语。

（三）报尾

报尾在简报末页，用间隔横线与报核分开。包括发送范围和印发份数。

1. 发送范围 写明报什么单位、送什么单位、发什么单位，置于报尾左侧。

2. 印发份数 注明本期简报的总印数，置于报尾右侧。

知识链接

简报与新闻的区别

简报与新闻都具有宣传性质，都有树立形象的功用。在内容的真实性、素材的新颖性、编发的及时性和文字的简明性这些方面都有共同之处。但它们又有明显的区别。

1. 写作对象不同 简报的写作对象范围较窄，主要为本系统、本单位；新闻的写作对象范围则非常宽泛，可以是任何系统和单位。

2. 传播范围不同 简报的传播范围狭窄，一般限于本系统、本单位内部；新闻一经发表，则面向全社会，其传播范围非常广泛。

3. 编写格式不同 简报有固定的报头和报尾；新闻编排时，则依据发表媒介而设计，相对富于变化。

4. 语言风格不同 简报的语言简明质朴，几乎没有形象性要求；新闻的语言则在真实的基础上，更讲究文采和可读性。

五、简报的写作注意事项

（一）材料要精准

简报不能有事就报、什么事都报，要从中心工作的需要出发，在众多的材料中选取那些最有指导意义或必须引起重视的经验、情况和问题，予以实事求是的报道。

（二）编发要快速

简报的时效性，要求其编写应当求快，对出现的新思潮、新动向、新经验和新问题，编写者要及时地捕捉，并用最快的速度予以报道。否则，简报就会降低乃至丧失其指导意义。

【例文1】

工作简报

第6期（总第68期）

××市市场监管局　　　　　　　　××××年3月25日

推行绩效公开　深化阳光监管

我局强化责任意识、创新意识，激发全体机关干部的工作激情，依托办公自动化系统，实行绩效公开，大力提升执行力、增强行政效率，使每一个行政行为都能在网上追根溯源、每一个工作人员都对自己的行为负责，有效解决了慢作为、不作为、乱作为等问题。

一、工作计划事先公开

在我局，大到党委年度工作部署，小到个人的每周计划和每日工作安排，全部在网上实时公开。不论是局长、处长，还是普通工作人员，电脑一开，全系统所有人的工作安排和人员去向一清二楚，有效地解决了工作效率和公平透明问题。

二、工作进展实时查看

全系统每项工作的进展情况、每个案件的办理进度、每个人员正在办理的具体事项，都可以在网上实时查看。办理事务的整个流程，全部在网上留有痕迹，完成时限具体到秒，有效杜绝了工作上的推诿拖沓。

三、工作绩效动态考核

考谁的绩、考哪些绩、怎么考绩？如何改变干部队伍中“干与不干、干多干少和干好干坏一个样”的状况？开展绩效公开，突出过程管理，实施全程督查，把日常督查、年中评估、年末考核有机结合，有效解决了这些问题。

四、廉政警示全程监督

为规范行政许可审批和行政执法行为，实现对所有监管权力运行的实时监督和预警，建立了行政许可审批、检查认证、日常监管、行政处罚、药品检验检测、96311举报投诉、信用管理等模块为主的综合业务信息系统。依据这些系统，减少了人为操作的空间，促进了行政执法行为的科学化、规范化和标准化。系统信息挂在网上，向每个干部职工公开，起到了全员监督的作用，增强了监督的有效性。

报：市“三严三实”办公室　　　　　　　　　　　　　　　　共印50份
送：各县（市）区食品药品监管局（分局）
发：市局各直属单位

【例文2】

学校简报

第12期（总第76期）

××高等医学专科学校　　　　　　　　　　　　××××年9月1日

以迎新为契机　夯实专业思想教育

金秋九月，2020级新生的到来为校园注入了新的生机和活力，新生的学习、生活和专业思想教育也成为学校工作的重中之重。其中，学生的专业思想教育是高等教育的重要组成部分，是促进学生全面发展的保证，在人才培养过程中具有不可替代的作用。学校各部门团结协作，细致周到地做好各项迎新工作，在为新生营造良好的校园环境的同时，以迎新为契机，着力抓好专业思想“第一课”教育。

一、各系制定新生专业思想教育方案

各系根据各自的专业特点，从人才培养、学习内容和专业发展等方面制定新生专业思想教育方案，帮助新生树立与巩固专业思想。

二、在新生的入学教育中安排专门的专业思想教育时间

为期一周的入学教育中，邀请历届校友中杰出的代表做专场报告。校友们讲述自身的职业历程，分享自身的职业感悟和职业学习经验，表达对学弟妹们的职业期望，从而培养和增强新入学的医学生们的职业认同和职业素养。

三、组织开展形式多样的专业思想教育活动

组织开展学校宣传片观赏、新老生经验交流会、专家座谈会、专业知识竞赛以及辩论会等多种形式的专业思想教育活动，明确新生的学习目的，激发新生的学习热情，巩固新生的专业思想。

发：校各部门　　　　　　　　　　　　　　　　　　　　　　共印30份

本章小结

内容	知识要点
求职信	**【概念】** 求职信是求职者为寻求较理想的工作或职位，而向用人单位或领导介绍自己的基本情况、提出求职请求，以供用人单位量才录用的一种专用书信。是一种书信体应用文书。 **【特点】** 1. 目的的明确性（直截了当地提出作者的意旨） 2. 内容的针对性（必须针对对方的需求来介绍自己的才能、专长等） 3. 材料的真实性（必须实事求是） 4. 格式的程式化（基本项目必须齐全） **【写法】** 1. 标题（标题要醒目、简明） 2. 称谓（用人单位全称或规范化简称） 3. 问候语（简单明了、大方得体） 4. 正文（求职信写作的重点和核心。要用准确简洁的文字将求职人的基本情况以及求职的依据和理由充分、具体地表述出来，以使用人单位信服并据此做出考核录用的决定） 5. 祝颂语（尽可能典雅得体、不落俗套） 6. 落款（署名和日期） 7. 附件（附上足以证明自己的才能、专长的材料，如个人简历、学历证书、资格证书、获奖证书、学术成果证书等的复印件）
调查报告	**【概念】** 调查报告是从现实中及时发现、分析一些具有普遍意义或迫切需要解决的问题，进行系统整理、分析研究，从而提出决策、建议意见的一种书面事务文书。 **【特点】** 1. 针对性（针对人们普遍关心的事情和亟待解决的问题而写） 2. 写实性（材料必须真实可信） 3. 典型性（选择的材料是否典型，直接影响它的意义和价值） 4. 社会性（调查报告是时代的一面镜子，具有明显的社会功能） 5. 时效性（调查报告针对现实工作中的新情况、新问题进行调查、分析、论证、归纳、写作） **【写法】** 1. 标题（公文式、文章式） 2. 正文 （1）前言（写明调查目的、时间、地点、对象、范围、经过、方法、结论等，可依据调查目的进行取舍） （2）主体（材料翔实严谨，结构纲举目张，语言简明意赅） （3）结尾（形式多样，可灵活确定） 3. 落款（内部使用的调查报告，正文之后应署调查者的名称或名字，并标明成文日期；公开发表的调查报告，大多将调查者署在标题之下，正文之后省略落款）

续表

内容	知识要点
计划	【概念】 计划是根据党和国家的有关方针、政策以及上级的指示要求，依据本部门的实际情况，为一定时期内的工作、生产和学习等拟定目标、内容、步骤、措施和完成期限的一种文书。 【特点】 1. 目的性（计划是针对某种具体情况而制订的） 2. 预想性（计划是对未来一定时期的工作或任务的预想和安排） 3. 全面性（应遵循全面考虑、统筹兼顾、瞻前顾后、严谨周密的原则） 4. 可行性（计划作为执行性文件，必须具备现实可行性） 5. 约束性（计划体现着决策机关的要求和意图，必须严格遵照执行） 【写法】 1. 标题（机关名称＋时限＋事由＋文种；机关名称＋事由＋文种；时限＋事由＋文种；事由＋文种） 2. 正文（一般由前言、目标和任务、措施和步骤以及结尾构成） 3. 落款（写明制订计划的单位和日期，标题中已经标明单位的可只写日期）
总结	【概念】 总结是指社会团体、企业单位和个人在自身的某一时期、某一项目或某些工作告一段落或者全部完成后进行回顾检查、分析评价，从而肯定成绩、得到经验、找出差距、得出教训和一些规律性认识的一种书面材料。 【特点】 1. 真实性（真实反映工作状况） 2. 概括性（应提炼出带有规律性的认识） 3. 广泛性（在社会生活、日常生活中广泛应用） 【写法】 1. 标题（公文式标题、文章式标题） 2. 正文（引语：概要说明是什么样的工作或任务；主体：包括基本情况、经验和不足三个要素；结尾：用语简短坚定，表明工作信心和努力方向） 3. 落款（写明总结单位和成文日期，以单位名义作的总结一般不在文尾署名，而是写在标题下）
会议记录	【概念】 会议记录是在召开会议过程中，由专门的记录人员如实地记录会议的基本情况、与会代表发言内容和会议决定事项的一种应用文体。 【特点】 1. 依附性（会议记录是依附于会议和会议言论而形成的） 2. 真实性（真实、准确、全面地记录会议过程和会议内容） 3. 完整性（会议的所有内容都要记录下来） 4. 备考性（必要时可作查阅之用） 【写法】 1. 标题（会议名称＋记录） 2. 基本情况（分项完整记录会议的有关情况，包括时间、地点、主持者、出席者、缺席者、列席者、记录者） 3. 主体（包括会议议题和会议内容）

续表

内容	知识要点
简报	**【概念】** 简报是党政机关、企事业单位、社会团体为及时反映情况、汇报工作、交流经验、沟通信息而编发的一种文书。 **【特点】** 1. 真实性（简报所写的内容、反映的情况，必须严格遵循真实性原则） 2. 新颖性（简报要牢牢抓住工作和社会生活中的新事物、新动态、新思想和新趋势，从而更好地指导与推动工作） 3. 时效性（写作要快，发送也要迅速，以便起到及时汇报和交流的作用） 4. 简明性（要求内容集中，文字简明扼要） **【写法】** 1. 报头（简报名称＋期号＋保密提示＋编发单位＋编发日期） 2. 报核（按语：是根据简报内容而写的提示语；标题：简明概括正文的内容或主题；正文：是简报的主要部分，由导语、主体、结尾组成） 3. 报尾（发送范围、印发份数）

习题

题库

【单选题】

1. 求职信的最终目的是要（　）

A. 联络感情　　B. 展示自己

C. 得以录用　　D. 表达诚意

2. 调查报告按内容涉及的范围可划分为（　）和专题性调查报告

A. 揭示性调查报告　　B. 基本情况调查报告

C. 综合性调查报告　　D. 典型经验调查报告

3. 总结的正文通常由引语、（　）和结尾构成

A. 送达机关　　B. 措施

C. 主体　　D. 发文机关

4. 会议记录的标题包括（　）和“记录”二字

A. 引言　　B. 主送机关

C. 会议名称　　D. 议题

5. 会议记录的核心部分是（　）

A. 送达机关　　B. 标题

C. 主体　　D. 基本情况

6. 简报的报头由简报名称、期号、保密提示、（　）、编发日期五部分组成

A. 称谓　　B. 导语

C. 主体　　D. 编发单位

【多选题】

7. 求职信的特点有（ ）

A. 目的的明确性　B. 内容的针对性

C. 材料的真实性　D. 格式的程式化

8. 求职信的正文包括（ ）几个要素

A. 求职的缘由　B. 求职者的基本情况

C. 求职者的优势与特长　D. 求职者的愿望与决心

9. 调查报告的特点有（ ）

A. 典型性　B. 针对性

C. 时效性　D. 写实性

10. 调查报告的结构通常包括（ ）几个部分

A. 标题　B. 主送机关

C. 正文　D. 落款

11. 计划的正文包括（ ）

A. 前言　B. 目标

C. 任务　D. 措施

E. 步骤　F. 结尾

12. 总结通常由（ ）几个部分构成

A. 标题　B. 正文

C. 落款　D. 成文日期

13. 会议记录的特点有（ ）

A. 依附性　B. 真实性

C. 备考性　D. 完整性

14. 简报的特点有（ ）

A. 真实性　B. 新颖性

C. 时效性　D. 简明性

15. 简报的正文包括（ ）几个要素

A. 导语　B. 标题

C. 主体　D. 结尾

【写作题】

1. 假设自己今年毕业，从网站上寻找一则自己专业的招聘信息，针对招聘要求，为自己拟写一份应聘求职信。

2. 根据以下调查内容，分组拟写一份调查报告。

调查参考题目如下。

（1）本校（本班）同学课外阅读情况调查报告。

（2）本校（本班）同学业余爱好情况调查报告。

（3）本校（本班）同学对学校各专业学科学习兴趣与成绩情况调查报告。

（4）本校（本班）同学消费情况调查报告。

（5）对在本校（本班）同学中引起强烈反响的现实问题的调查报告。

3. 2019 年全年工作已经接近尾声，为了明年的工作能够更好地开展，市妇产医院对过去一年工作的成绩和不足要做一个详尽又客观的总结。请以医院的名义完成这份年度工作总结。

4. 请关注学校的“推普周”系列活动，搜集整理材料，编写一期校园文化生活简报。

【简答题】

会议记录的写作注意事项是什么？

第四章 宣传文书

学习目标

知识目标

1. 掌握广播稿、消息、通讯这三种常用宣传文书的概念、特点、写法。
2. 熟悉本章三种常用宣传文书的写作注意事项。
3. 了解本章三种常用宣传文书的类型。

技能目标

能运用所学进行本章三种常用宣传文书的写作。

PPT

第一节 广播稿

案例讨论

【案例】2020年8月5日上午9：00，××市发生重大交通事故。为了全力救治重伤人员，××医院动员所有医护人员坚守岗位，普外科、麻醉科、血库做好救援准备，上午9：10立即赶赴现场救援。请你撰写一篇广播稿，告知全体医护人员。

【讨论】1. 什么是广播稿？

2. 广播稿的结构是怎样的？

一、广播稿概述

广播，是指通过无线电波或导线传送声音的新闻传播工具。通过无线电波传送节目的称无线广播，通过导线传送节目的称有线广播。广播稿，是指广播媒体中经常使用的各种新闻类文体的统称，它主要包括广播中播出的消息、通讯、专访、录音报道等。

知识链接

世界上第一座领有执照的电台，是美国匹兹堡KDKA电台，于1920年11月2日正式开播。中国的第一座广播电台建于1923年，是外国人办的。中国人民广播事业创建于1940年12月，即中央人民广播电台的前身——延安新华广播电台。1949年3月25日，新华广播电台迁到北平，同年12月5日，改名为中央人民广播电台。

黑龙江人民广播电台是新中国历史上第一家地方人民广播电台，成立于1945年8月20日。哈尔滨人民广播电台成立于1945年8月20日，是新中国第一家开播的城市电台。中国传媒大学是中国广播通信高等教育的发源地。

二、广播稿的类型

（一）录音报道讲话稿

有些广播节目是转播类型的，在主持人的介绍下会播放一些录音。

录音报道是指运用新闻事件的实况录音或者新闻人物的谈话录音所做的报道，具有较强的真实感和现实感。录音报道讲话稿是指为录音报道而撰写的书面材料。

（二）配乐广播稿

配乐广播是一种根据文字稿件（主要是通讯特写和文艺作品），配以音乐和音响效果的广播形式。由于所配的音乐和音响效果不是现场实况，故名配乐广播，以区别于录音报道。这种报道中的文字稿件即为配乐广播稿。

（三）对话广播稿

对话广播是指由两个或以上人员的对话构成的广播节目，如专访式的广播节目、情感在线广播节目等。为对话广播而撰写的书面材料即为对话广播稿。

（四）广播新闻评论稿

广播新闻评论是广播评论的主要形式，是狭义意义上的广播评论。

广播新闻评论是专门供广播使用的新闻评论，是通过广播发表的对新近的或正在变动的新闻事实的评论分析。广播新闻评论是广播电台宣传的旗帜，是广播新闻宣传的灵魂。广播新闻评论稿是指为广播新闻评论而撰写的书面材料。

（五）实况广播稿

实况广播是指广播电台、电视台、广播站为加强报道的效果，将某一正在进行中的社会活动的现场实况（声音或景象），结合播音员的讲解，通过广播或电视传送给广大听众或观众。实况广播的文字材料即为实况广播稿。

（六）实况转播稿

实况转播是指广播电台或电视台播放别的电台或电视台所录制的实况直播节目，中间穿插播音员的讲解和音乐。实况转播稿是指为转播别的电台或电视台节目所撰写的书面材料。

三、广播稿的特点

（一）传播速度快

电台利用电波传递声音，每秒钟行程为30万公里，迅速无比。广播稿靠电波传播声音，速度比任何报刊都要快，时效性更强。在工作中遇到紧急、重大事项时，来不及行文、召开会议，可以采用广播的形式传达事项，极大地提高工作效率。

（二）传播范围广

广播的覆盖范围广，翻山越岭，渡江涉河；穿透力强，无所不及。广播不受时间和文化知识的限制，听众众多、范围更广，比报刊具有更广泛的群众性。广播不受时空、听众的限制，在一个单位内、一个村庄内，或者一个城市内，通过广播的形式能够将广播稿的内容进行广泛传播。

（三）可听性强

广播关键的能量通道是人类的听觉。广播稿主要靠声音传播信息来影响听众，可以此有目的地进行宣传。听众通过广播清晰的音质、广播人员的声音，感受广播者的情感，体会广播稿的内容。因此，广播稿作用发挥得如何，关键在于广播与广播者两个因素。

（四）简短清晰

广播稿主要靠声音传递信息，接受者凭借听觉来感知广播内容。听众的注意力不会维持很久，这就要求广播时间不宜过长，一般不超过 5 分钟，时间过长影响听众对广播内容的吸收和领会。例如，大多新闻报道在广播中仅占 30 秒到 45 秒，3 分钟的单条新闻广播已经属于长报道了。为了提高广播的效率，增强广播稿的转播效果，广播稿的篇幅要简短，语句表达要简洁、清晰。

四、广播稿的写法

广播稿通常包括标题、称谓和正文三部分内容。

（一）标题

标题是广播稿的眉目，处于首页第一行的中间位置。

广播稿的标题要醒目，应集中反映这个报道的主题，让听众明白整篇报道的核心内容。

广播稿的标题比较灵活，可以富于文采，以利于吸引听众的注意力。且应尽量简练，句子简短、句式灵活。如：《充分发挥中医药在重大疫情防控中的作用》《用现代科技让中医药焕发生机》《大疫出良方》等。

另外，广播稿的标题也可以直接使用广播节目的名称，如：《健康之声》。

（二）称谓

广播稿与其他应用文有所不同，称谓是其不可缺少的要素。在广播稿正文之前，也就是在播报前要先打招呼。其作用有二：一是表示礼节，二是提醒听众收听，增强吸引力。

广播稿的称谓要适合，针对不同的听众应选取合适的称呼，以拉近与听众的距离、增强收听效果，起到宣传教育的目的。如："亲爱的各位听众""亲爱的患者朋友们""亲爱的同学们""亲爱的运动员们"等。

（三）正文

广播稿的正文位于称谓之下，在称谓的下一行空两格书写。报道的是已经发生、发现或正在进行的事实，或播报评论文章，或转播新闻，或播报录音讲话、录音新闻、录音通讯、录音访问，或播报音乐等等。在播报不同内容的广播时，要有针对性地撰写广播稿。广播稿的正文写作力求真实、准确和口语化。

广播稿正文格式有两种。

1. 新闻式 广播稿属于新闻的一种，与新闻写作相近。因此，其正文可以采用新闻的写法，即可包括人物、时间、地点、事件、结果等要素。

2. 文章式　采用总分结构。正文开头向听众介绍广播的主题；主体部分将广播内容分成几个小部分，分节、分步骤将广播的全部内容一一介绍给听众。

在最后，广播稿一般以“本次广播内容到此结束，谢谢收听”来结束全文。

五、广播稿的写作注意事项

（一）语言通俗

1. 多用短句，少用或不用长句　具体如下。

由于去年入冬以来，天气连续干旱，后来又遇上几次寒潮，结果麦苗长得又黄又瘦（长句）；“去年冬天受干旱和寒潮的影响，麦苗又黄又瘦”（短句）。

广播稿中宜用短句，而应少用长句。

2. 少用方言、土语，尽量不用群众不熟悉的简化词或简称　具体如下。

（1）“这程子”（方言）；“这一段时间”（书面语）。

（2）“妨祖”（方言）；“连累人的人，即包袱”（书面语）。

在广播稿中不宜使用“这程子”“妨祖”等方言，而应使用“这一段时间”“包袱”等普通话的语言。

3. 少用书面词汇、文言词汇和单音词　文言词汇“解官”与现代汉语词汇中的“辞职”意思相同。在广播稿中应使用现代词汇“辞职”，而不宜使用文言词汇“解官”。

4. 尽量口语化　广播稿一定要符合日常的口语习惯，要尽可能口语化，以适应听觉器官的接受与感知。如：“我们驱车而行，于拂晓前抵达”句中的“驱车”和“拂晓”比较书面化，可以改为“我们开着车去，在天亮前到达”。

（二）结构简明

为了顺应听众的思路和习惯，广播稿的叙事一般按事物过程的发展顺序，大多采用时间顺序结构或逻辑结构。具体要求有以下六点。

（1）主线单一，一稿只写一个中心问题。

（2）构思新颖，能吸引听众的注意力。

（3）层次分明，上下连贯，过渡自然，前后照应。

（4）突出句子的主干，不滥用不必要的附加成分。

（5）用准确的词贴切地表达要说的意思，不说空话、套话。

（6）不用倒装句，不用倒叙和插叙。

（三）生动活泼

为吸引听众的注意力，广播稿要生动活泼。因此，在广播稿的写作中要注意以下三点。

（1）可采用多种写作方法，避免单调乏味。

（2）句式要富于变化，可运用设问、排比、对偶等句式，使文章更有文采；可适当选择主动句、被动句、肯定句、否定句等句式，使文章更有感染力。

（3）多用具体事例。具体事例较为直观，比抽象的议论更能为听众所吸收。

（四）音调和谐

广播稿要读起来顺嘴，流畅自然；听起来入耳，一听就懂。应避免连续出现仄声字，平仄声要互相交错、配合得当，读起来才会抑扬顿挫、朗朗上口、悦耳动听。

（五）简短新颖

广播稿要力求短、新、精，即篇幅要短、立意要新、内容要精。具备“简、短、新”这三个特点的广播稿能够在第一时间抓住听众的听觉，激发听众兴趣、避免审美疲劳，在较短时间内让听众收获知识与审美的双重心理体验。

【例文1】

中医养生保健广播稿

大家好，欢迎大家来到《生活红绿灯》，我是主持人×××，今天和大家谈谈吃的健康。(放音乐)

下面，让我们来了解一下冬季的健康饮食有哪些。(放音乐)

到了冬季，人们普遍感到口、鼻、皮肤等部位有些干燥。中医认为，肺与季节的关系十分密切。因此，宜多食用具有润肺生津作用的食品。根据现代营养学家们的介绍，适合冬季食用的食品包括：

暖性的肉食，有狗肉、牛肉、鸡肉、龟肉、羊肉、虾肉等；蔬菜有黄豆、蚕豆、胡萝卜、葱、蒜、韭菜、芥菜、油菜、香菜等；水果有栗子、杏脯、橘子、柚子等；还有红糖、米、羊乳、松子等。

那么，冬季健康饮食宜首选哪些食物呢？

藕。生藕能清热、生津、止渴，熟藕能健脾、开胃、益血。故有“暑大宜生藕、秋凉宜熟藕，生食宜鲜嫩、熟食宜壮老”的说法。

黄鳝。秋冬食黄鳝，不但补益力强，对血糖还有一定的调节作用。在冬季饮食中，如烧鳝段、清炖鳝段、炒鳝丝、煮黄鳝粥等，均为保健美食。

栗子。栗子具有健脾养胃、补肾强骨的作用，还有“补胃之王”的美誉。

红枣。红枣具有滋阴润燥、益肺补气的功效，与银耳、百合、山药一起炖食，效果更好。

鸡汤。冬天是支气管炎的高发季节，预防办法之一，就是喝鸡汤，尤其有益于儿童。母鸡身上的脂肪有增强支气管黏膜分泌和化痰的作用。另外，鸡肉中有一种特殊的物质，可以增强咽部血液循环和鼻腔黏膜分泌，有助于保持呼吸道通畅、清除呼吸道病毒、缓解感冒所致的鼻塞、咽干、咳嗽等病症。

动物内脏。冬末春初，由于气候干燥，不少人嘴唇干裂，易患口角炎，这是缺乏维生素 B_2 所致。而动物的肝、肾、心等内脏所含的维生素 B_2 很多。

海带。海带含碘较多，碘有助于甲状腺激素的合成，而甲状腺素有产热效应。所以，冬末春初，适量食用海带，具有较好的御寒作用。

以上就是本次《生活红绿灯》的全部内容，感谢您的收听，我们下期再见。

【例文 2】

健康之声

敬爱的老师们，亲爱的同学们：

校园之声广播站又和大家见面了，我是主持人 × × ×。欢迎收听健康之声栏目。本期的主题是“远离麻风腮”。

人人都希望拥有健康，但是在气温变化较大的春天，很多同学都容易患病。最近，我们就有同学因为患了麻风腮在家休养。

今天，我们就来了解一下什么是麻风腮。

麻疹是儿童时期最常见的传染病。近年来，我国普遍开展麻疹疫苗预防接种，发病年龄向后推移，青少年和成年发病率相对上升。麻疹发病初期，症状类似感冒，有发热、鼻塞、打喷嚏，同时有怕光、流泪和眼分泌物增多等不适症状。在发热的第 2 ~ 3 天，口腔两侧黏膜膜出现像针头大小的灰白色斑点，周围发红，称为麻疹黏膜斑。发热 3 天后出现皮疹，由前额、耳后、发际开始逐渐蔓延到脸、颈、躯干、四肢，经 3 天遍及全身和手足心。

风疹是由风疹病毒引起的经呼吸道传播的急性传染病。多见于学龄前儿童，临床上主要表现为，一般性发热、皮疹、耳后淋巴结肿大、头痛、厌食、结膜炎、咳嗽等症状，病程 3 ~ 5 天，偶有并发肺炎、心肌炎、脑炎者则病情较重。

目前，已有安全有效的疫苗可同时预防麻疹、风疹和腮腺炎，即麻风腮三价疫苗（MMR）。

通过以上的介绍，我想同学们对麻风腮已经有了一定的了解。疾病并不可怕，关键在于面对疾病的态度。疫苗接种是预防疾病的有效方法，我们应当及时、正确地接种麻风腮疫苗，远离疾病的困扰。

最后，让我们来欣赏几首歌曲，放松一下心情。

本期的节目就到这里了，祝全校师生身体健康。

第二节　消　息

PPT

案例讨论

【案例】 新型冠状病毒肺炎疫情发生以来，× × 市 × × 医院积极响应党的号召，组织医疗人员除夕夜奔赴湖北，医院让小张负责此次事件的宣传工作，拟写一则消息。

【讨论】 1. 这则消息的结构内容是怎样的？

2. 写作中应注意什么问题？

一、消息概述

消息，是以简明扼要的文字，迅速、及时地报道最新事实的短篇新闻宣传文书，是报纸、广播、电视最常用的一种新闻体裁。

消息一般要具备6个新闻要素，即“何时”（When）、“何地”（Where）、“何人”（Who）、“何事”（What）、“何故”（Why）和“如何”（How），西方称之为五个“W”和一个“H”。其中，“何时”“何地”“何事”这三个要素最重要，在消息中不可缺少；其他要素，在某些简明、短小的消息中，允许部分省略。

二、消息的类型

消息可以从不同角度进行分类。按照内容划分，可分为政治新闻、经济新闻、军事新闻、体育新闻、法制新闻、社会新闻等；按照发生地划分，可分为国际新闻、全国新闻和地方新闻；按照报道对象划分，可分为人物新闻和事件新闻；按照篇幅长短划分，可分为一句话新闻、短消息、长消息等。我国新闻界较为通行的分类方法，是按写作特点进行划分，可分为动态消息、综合消息、经验消息和评述消息。

（一）动态消息

动态消息是对新近发生的、有新闻价值的事和物进行迅速、及时的报道，是最常见的消息类型之一。它对变动的事物进行报道，包括国内外的新情况、新动向、新成就、新问题、新经验等。报纸、广播电台、电视台报道的大部分事件和活动属于动态消息。

由于动态消息是报道眼前发生的或变动中的事物，可分为两类：一类是对新近发生的单独事件进行报道，所报道的事件是一个完整的事物发展过程，没有连续性；另一类是对变动中的连续性事件进行报道，每条消息报道的只是整个事件发展过程中某一个阶段的情况，而整个事件，则要通过对事物发展变化情况的连续追踪报道才能完整地反映出来。

（二）综合消息

综合消息是对不同地区不同单位相同或相似的情况进行报道。它要求从不同的侧面去阐明共同的主题，不受某一独立事件的限制。有的是把某些地区或部门的某项工作综合起来以见全貌；有的是对一段时期以来某一方面的情况或问题综合起来以见其发展变化。这类报道要求站在全局高度看局部变化，讲究点面结合，通过分析、总结来揭示某一事物发展变化的规律。

（三）典型消息

典型消息是对人物、事件、经验或问题中具有普遍意义的情况进行报道。在写作时，要交代情况、叙述做法、反映变化，从事实中引出道理、从个别中指明规律，能总结出比较系统、完整的经验。典型报道所反映的新闻事实，由于其代表面宽、影响力大，因而对人们有着激励感召或教育警示作用。这类报道与介绍经验的工作通讯、综合消息和调查报告有一定的相似之处。

（四）述评消息

述评消息指在报道新闻事实的同时，加以分析和评论，以揭示其实质和发展趋势的报道形式。它常常对某个重大事件、重要问题进行综合报道与分析，具有消息和评论两方面的优势和特点，是一种综合性的新闻文体，以传播新闻事实为主、画龙点睛的分析评论为辅。

三、消息的特点

消息具有新、短、快、活的特点。

新是指能够及时报道最新的事实。新的事实包括新的事件、新的成就、新的经验、新的见解、新的问题等。新闻贵在新，也只有新，才能引起读者的注意，先睹为快。

短是指文字简明扼要、篇幅短小。简短是消息区别于其他文体的主要标志，下笔简洁利落，内容集中精练。

快是指报道及时、快速。在新闻体裁中，消息是最迅速、最及时的，在反映现实的速度方面居于各种文体之首。它必须迅速、及时地把最新的事实报告给读者，快就是新闻的价值所在。

活是指消息本身的表现方法灵活、活泼生动。新闻的表达方式一般是记叙，以记录事实为主。但按题材的不同和新闻媒介的不同，新闻的表达方式具有多种样式，各种表达方式的混用也增强了新闻的可读性。

四、消息的结构

消息内容的丰富性，决定了消息结构形式的多样性。最常见的有以下几种。

1. 倒金字塔结构　是一种头重脚轻的结构。它把最重要的材料或事件总体情况介绍放在篇首，在主体部分依照材料的重要性来依次安排段落，叙述事件的详细内容或其他相关情况。这要求我们在写作时，应当提炼全篇的精华，并把最精彩、最重要、最新鲜的新闻事实摆在最前面，稍次要的放在第二段，再次要的放在第三段……最不重要的事实放在最后写。这种消息的开头通常就是“一句话新闻”。

2. 金字塔结构　与倒金字塔结构相反。它往往按时间顺序来安排事实，先发生的放在前面，后发生的放在后面。这种结构虽然开头平淡，消息重点也不突出，但是叙事条理清晰、现场感强，以“剥笋式”的方法层层深入，符合受众的接受习惯，且给人渐入佳境的感觉。早期的新闻写作多采用这种结构形式。

3. 混合式结构　这种形式通常在第一段使用倒金字塔结构，开门见山，通过标题和导语突出主要事实，而后按照时间顺序组织材料，给人以具体、完整的感觉。混合式结构结合了倒金字塔和金字塔两种结构的优点，既能在开头点明事件的重要意义，又能够让人们了解到事件的完整真相。

五、消息的写法

消息一般由标题、导语、主体、背景和结尾五部分组成。其中，导语和主体是最重要的组成部分；标题来源于导语和主体；结尾是主体内容的终结；背景材料无规定格式，可穿插在各个部分中。

（一）标题

标题是消息的眼睛，最能吸引读者的阅读兴趣。

1. 标题的类型　消息的标题一般有三种类型。

（1）正题　又称母题、主题、大标题，是标题的骨干和核心，高度概括消息的中心内容。

（2）引题　又称肩题、眉题，一般用来交代背景、说明原因、烘托气氛、解释意义等。引题一般多作虚题。

（3）副题　又称子题、副标题，一般用来补充、注释和说明、印证主题。副题一般多作实题。

2. 标题的形式　根据以上三种标题类型，在标题拟写的时候可形成三种标题形式。

（1）单行标题　只有一行正题，它能简洁明了地反映消息内容的中心思想，要求制作鲜明、醒目易记。如：《外媒关注中国举行抗击新冠肺炎疫情表彰大会》。

（2）双行标题　引题和主题兼用，或是主题和副题并用。如：《国际社会热议习近平在全国抗疫表彰大会上的讲话　中国抗疫成果向世界传递信心》《抗疫表彰大会——为抗疫英雄的献礼》等。

（3）三行标题　主题、引题、副题全备。如：《抗疫表彰大会，习近平首次阐述伟大抗疫精神——最高规格　致敬抗疫英雄》。

3. 制作标题的要求

（1）准确贴切　一个好的新闻标题，要能准确反映消息的主要内容，不能夸大，不能缩小，不能故弄玄虚，不能耸人听闻。要严格地遵循新闻的真实性，恰到好处地引导或说明消息的实质，加强消息标题的生动性和吸引力。

（2）虚实结合　新闻标题有虚、实之分。“实题”一般扣住新闻事实，点明必要的新闻要素。“虚题”则比较抽象、含蓄，一般用以引导、说明、烘托、渲染主题，或侧重说明某个原则、道理、愿望等。

单行标题，一般为实标题；多行标题，通常为虚实结合。在大多数情况下，引题以“虚题”居多，副题以“实题”居多，主题则可虚可实。如果标题有两个实标题，则要注意处理好二者的关系：主题是实标题，它标出的是新闻事实的主要内容，副题就要对主题的内容做进一步的补充或具体化。

（3）简洁工整　消息标题的字数不能太多，语言要简洁。其中，主题和引题要讲究形式的工整；副题虽多用解说性的、散文化的句子，但也应简洁、凝练。

（4）新颖生动　新颖别致的标题，能给人耳目一新之感。生动形象的标题，其感染力强，能给人以想象、回味的余地。在保证“准确贴切”的前提下，为了使标题写得更美，可适当采用一些修辞手法。

（二）导语

所谓导语，是指消息正文中的第一个自然段或第一句话，它以简练、醒目而生动的文字介绍新闻中重要的内容、概括全篇的精华、揭示新闻的主题，以引起读者的充分关注和阅读兴趣。

1. 导语的形式　导语的形式多样，常见的有以下几种。

（1）叙述式　它以凝练的语言，直接将消息中的主要事实叙述出来，是导语最基本、最常见的写法之一，是最典型的“开门见山”式。

（2）渲染式　这种形式的导语先用概括性陈述；来营造背景，然后再进入对最新动态事实的报道。与渲染式导语类似的，还有点题式、故事式、比兴式导语等。它们大都是以不同的方式由“外”及“内”由“表”及“里”地开头，然后再叙述最新鲜的、最重要的新闻内容。

（3）设问式　这种导语是先提出问题或者摆出困惑，以引起受众的关注和兴趣、激起他们继续阅读下文的欲望。

（4）引语式　直接引语用作导语是较常见的样式之一。所用引语一定是加引号的直接引语，转述的间接引语等同于改编。应尽量挑选“掷地有声”的“点睛”之语，方能起到一语胜千言之效。所用引语还应让受众容易理解，不要让人感到费解。

（5）评论式　对所报道的事实进行评论，揭示其意义。

2. 导语的写作注意事项　导语在新闻报道中起着重要的作用，在写作应注意以下几点。

（1）抓住重点　要抓住最重要的新闻事实，既不能写得空洞无物，也不能把次要的内容和细节放进导语。

（2）简短精练　导语段落的长度应限定在35个词之内，一般不应超过50个字，应尽可能地简短、精练，关键是抓住新闻事实的核心，直截了当地交代事实。

（3）具可读性　导语担负吸引读者的重要任务，要适应读者广泛这一现实情况。因此，不要将连串的数字、名词术语、人物头衔、单位名称等塞进导语。遇到专业性的问题，应尽可能做通俗化的表述，并且尽可能新颖、形象。

（三）主体

1. 主体的功能　主体是消息内容的具体展开，在消息中具有双重功能。

（1）注释导语　从何时、何地、何事、何人、如何、为何等几个方面，对消息导语做进一步的说明，使导语中的事实更加清楚、详细，以满足读者深入了解新闻事件的需求。

（2）补充导语　补充交代与主要新闻事实紧密相关的细节，对导语中没有提到的其他有关新闻主题的事实进行补充，保证新闻的完整性。

2. 主体的写作注意事项

（1）紧扣导语　导语和主体是一个整体，导语为整条消息的写作奠定了基调和方向。主体展开时，要紧紧围绕这个基调和方向来写，二者必须是相互支持、相互扶助、相互认证、相互参照的。主体需要展示哪几个要素、回答哪几个问题，都必须根据导语铺设的轨迹来写，不能和导语脱节。

（2）主题明确　每篇消息都要表达一定的思想、见解或态度，这就是消息的主题。消息不管有多长的篇幅、多丰富的材料，都要围绕主题或者中心来写，要围绕中心选择和使用材料。同时，消息的主题要明确，要让读者一目了然，或是在稍加思索之后就能豁然顿悟。

（3）层次分明　消息的主体部分内容较多，在表述的时候要注意层次的安排。段落和段落之间要层次清楚、环环相扣，或者是并列关系，或者是递进关系，要有很强的逻辑性，这样才容易为读者所接受和理解。

（4）材料典型　主体是消息的主干，其运用的材料要有广泛的代表性和强大的说服力，能反映事物的本质。这就要求舍弃与主题无关的材料，选择那些能够突出主体的典型材料来说明新闻事实。

（5）勇于创新　由于消息的篇幅短小、体式规范性较强，其在写作手法上有很多模式化的东西。但是主体的表现手法应当灵活多样，这就要求作者勇于创新、大胆尝试，使自己写出的消息既符合消息的模式，又有个性特征。

（四）背景

所谓背景，就是有关新闻事实的历史和环境的材料，包括新闻事实的原因、条件、环境、政治背景、历史演变以及新闻人物的出身、经历、身份、特点的材料等。

1. 背景材料的分类　按其作用，一般可分为两类。

（1）注释性背景材料　即对新闻中所述及人物的身份、经历、事迹，一些地名、物名，以及名词术语和历史典故等进行必要诠释的材料。

（2）对比性背景材料　拿来与报道的主要新闻事实做对比，以突出新闻事实的意义、强化新闻主题或表明作者的某种倾向的材料。

2. 背景的作用　主要表现在以下几个方面。

（1）为读者所不熟悉的新闻事实作注释。

（2）帮助读者理解新闻事实的意义。

（3）表达作者本人的观点。

（4）使新闻的内容充实饱满，增强新闻的情趣、感染力和说服力。

3. 背景的重要意义　背景材料是完成一篇新闻的必要条件。占有最重要的背景材料，是写好新闻的基本条件；占有最新的背景材料，是写独家新闻的基本条件；占有大量的、第一流的、精彩的背景材料，是一个优秀记者的特殊本领。由此可见占有背景材料的重要性。

4. 背景的写作注意事项

（1）为主题服务　背景材料是辅助性材料，要为主题服务，不能节外生枝。一般情况下，背景不宜过多过长、喧宾夺主，冲淡了消息的主题。

（2）为读者着想　在消息中书写背景，目的是为读者排除障碍，使其理解新闻事实、认识新闻的意义和价值，因此必须站在读者的角度，写得通俗易懂。

（3）要灵活穿插　有时候，背景材料很短；有时候，背景材料占了消息的主要篇幅。在消息中，背景没有固定位置，可以根据情况安排在消息的任何部分。

（五）结尾

结尾，即消息收束部分的句子，是文章的最后一段或最后一个层次。常见的结尾方式有“自然收缩法”“卒章见义法”“别开生面法”“展示预告法”“拾遗补阙法”等。

消息的结尾有其特殊性。在采用倒金字塔结构的消息中，任何一个段落都有可能成为结尾，呈开放性。它并不要求穷尽所有的新闻事实，可以根据需要进行取舍。在金字塔结构的消息中，事件的高潮写出来了，消息也就结束了。这里的结尾，是顺其自然的事实的结尾，它依附于事实，并不需要另外的议论、抒发。

知识链接

“消息头”的概念及作用

消息头的定义，按照复旦大学刘海贵先生和尹德刚先生所著的《新闻采访写作新编》所言，就是：报纸上刊登的消息，其开头部分往往冠以“本报讯”或“××社××地×月×日电”的字样，这就是“消息头”。

消息头是消息的标志，正规的新闻报道不可忽视消息头的运用。书中说：“消息头的形式主要有讯与电两大类”，讯与电，只是在传递手段上有所区别，其性质与作用是一样的。

“讯”，主要指通过邮寄或书面递交形式向报社传递的新闻报道。报社通过自身的新闻渠道所获得的本地消息，一般标明“本报讯”。无论是记者还是通讯员为一家报社写稿，在其消息的开头，一般应冠以“本报讯”三字。如果稿件是从外地寄来的，则应标明发布新闻的时间和地点，如“本报香港7月8日专讯”。

"电"，主要指通过电报、电传或电话等形式向报社传递的新闻报道。"电头"是由发布新闻单位的名称、发布新闻的地点以及发布新闻的时间组成，三者缺一不可。如："新华社北京12月7日电"。

消息头的作用主要如下：①消息头是消息区别于其他文体的标志之一。②消息头与新闻发布单位的声誉紧密联系在一起，它促使新闻发布单位谨慎地对待每一条消息，力求客观、翔实、新颖、生动。③消息头能标明新闻的来源，以利于读者进行判断。④消息头是"版权所有"的标志，消息前一旦标明"本报讯"，就表示这条消息是本报独家采集的新闻，其他新闻媒介不得任意转载或抄袭。对于通讯社的电讯稿，报社不能任意增补更改。如有删节，应在消息头上标明"据××社××地×月×日电"。

六、消息的写作注意事项

（一）坚持实事求是

真实是新闻的生命，要尊重事实，用准确无误的事实说话。消息中的人物、事件、数字、引语等都必须完全真实，不能有任何夸大或缩小的成分，更不能凭空想象或歪曲。

（二）善于用事实说话

消息不仅要坚持客观、实事求是，更要善于用事实说话，在选择事实和表现事实上下功夫。要选用典型事实，并采用各种表现手法，力求生动形象地再现事实。议论可写也可以不写，发表议论时，力求能引起人们的思考。

（三）合理安排结构

前已述及，消息的结构方式主要有倒金字塔结构、金字塔结构和混合式结构，三种结构各有特点。在实际应用中，应当以最大限度地突出中心和表现内容为结构安排的原则，按实际需要来进行选择。

【例文】

陆军军医大学集结150人医疗队除夕夜驰援武汉

2020年1月24日，陆军军医大学抽组150人医疗队连夜奔赴武汉支援抗击"新型冠状病毒"战役。

24日晚，医疗队正式集结完毕，以昂扬之姿踏上前往武汉的飞机。来自呼吸、感染、重症等相关科室的他们将用行动诠释新时代革命军人的担当。

从凌晨接到援助武汉通知，到医疗队伍完成抽组，陆军军医大学仅用了6个小时。甚至他们还根据疫情形势进行了针对性集训。

本次"出征"共有重症组和轻症组两支分队。其中，重症患者救治医疗队由该校第一附属医院和陆军第九五八医院组成，轻症组由该校第二附属医院和陆军特色医学中心组成。毛青教授作为重症组领队，同时也是全军感染病研究所所长，他在SARS、援利抗埃一线积累的大量实战经验，将为此次援助工作提供极大帮助。抵达武汉后，他们将立即投入新型冠状病毒肺炎的病人救治工作。

陆军军医大学这150人医疗队，由42名医生、93名护士和15名指挥协调人员构成。他们中有曾参与小汤山抗非的队员，有主动放弃休假的医学博士，有临床经验丰富的护理工作者，更有接到消息立即返程的人。

在本该阖家团圆的除夕夜，他们逆行而上，奔向疫情最前线、直抵最核心战场。

（总台央视记者唐巍　邓丽娟　伍黎明　张帆　通讯员　左胜男　于方洲）

第三节　通　讯

PPT

案例讨论

【案例】新型冠状病毒肺炎疫情发生以来，××市××医院响应党的号召，组织医疗人员奔赴湖北。抗击疫情期间，涌现出许多可歌可泣的先进事迹和先进人物，医院让小张负责宣传工作，拟写一则通讯。

【讨论】1. 小张拟写的这则通讯和消息有什么不同？

2. 结构内容应该怎样安排？

3. 写作中应注意什么问题？

一、通讯概述

通讯是运用叙述、描写、抒情、议论等多种表达方式，对典型人物、新闻事件和先进经验进行具体、形象的报道，及时反映现实生活的新闻体裁。通讯和消息一样，要求及时、准确地报道生活中有意义的人和事，但报道的内容比消息更具体、更系统。

二、通讯的类型

由于反映的主题不同，通讯所用的表达方式也不尽相同。目前，新闻界一般按照其反映主题的不同，将通讯分为人物通讯、事件通讯、工作通讯和风貌通讯四种。

（一）人物通讯

人物通讯是报道具有新闻价值的人物，反映其行为、事迹和生活，再现其精神境界、人生轨迹和生存状态，从而达到教育启迪、监督批判、警示社会的目的的通讯。报道对象包括先进模范人物、新闻人物，命运、生存状态具有普遍性和代表性且值得社会关注、有社会认知价值的人物（多是社会的弱势群体）；也包括反面人物，这类人物通讯具有警示意义。

（二）事件通讯

事件通讯是详细报道社会上发生的新闻事件的通讯。报道对象包括：突发性事件，如政治冲突、刑事犯罪、重大事故、自然灾害等；有较大影响的预知事件，如党的重要会议的召开、重大体育赛事等；反映社会精神风貌的小故事，如救人于危难、捐献爱心、与不良风气做斗争等。

（三）工作通讯

工作通讯是报道和分析当前实际工作中的经验、问题、教训等，从中找出规律性的东西，以指导和推动实际工作的一种通讯形式。报道对象包括：介绍先进经验和做法，以推动和指导工作；批评和揭露工作中一些具有普遍性、亟待解决的问题，分析这些问题的症结所在，思索解决问题的可能性、可行性；对新形势下面临的一些新情况、新问题进行探索和研究，寻找解决问题的思路。工作通讯往往将指导性和新闻性结合在一起，夹叙夹议地展开分析，具有一定的理论色彩和思想深度。

（四）风貌通讯

风貌通讯又称“旅行通讯”或“概貌通讯”，是以采访者旅行见闻的视角，反映社会变化和风土人情的通讯。报纸上常见的“见闻”“巡礼”“散记”“纪行”等都属于这类通讯。报道对象包括某个地区、某条战线的今昔变化和新的建设成就、名胜古迹、自然风光、风土人情等。

三、通讯的特点

（一）新闻性

通讯是一种传播新闻信息的新闻文体。通讯中所报道的人应该是新闻人物，所报道的事应该是新闻事件。新闻报道的一般规律要求它首先要真实、可靠，其次要新鲜、及时，讲究时效性。概括起来就是八个字：真人真事，新人新事。正是通讯的新闻性将通讯与文学创作以及历史故事明确地区分开来。

（二）评论性

除了叙述事实外，通讯还需要适当地运用议论和抒情的手法，以揭示事物的意义、深化主题。作者的倾向性，既可以在看似不动声色的写人记事中，通过对材料的组合排列、详略取舍表现出来；也可以在夹叙夹议的文字中、背景材料的安排中以及思想哲理的开掘中进行直接的抒发。

（三）生动性

通讯往往根据具体内容，灵活运用叙述、描写、议论、抒情等多种表达方式。生动的叙述、必要的描写、精当的议论、真挚的抒情，多种表达方式的运用使通讯显得灵活、生动。形象化地写人、叙事，使人能够“看”到人物，“看”到环境，“看”到事件的进程，“看”到某一地区的景物、风貌。

（四）完整性

通讯常常被称为“详细的新闻”或“展开了的消息”。因为它要报道事情发展的全过程，或者较全面地报道新闻事件的各个方面，或者对事件的某个具有特殊意义的部分作集中、突出的描述，也就是说，它在报道事实方面比消息更加具体、详细和完整。

四、通讯的写法

通讯一般由标题、开头、主体和结尾四部分构成。

（一）标题

与消息的标题相比，通讯的标题更灵活，也更形象、生动。通讯的标题形式多样，有叙述式、描写式、抒情式、议论式、设问式、悬念式等。

可以是传统的单行标题，即只有主题。如：《全国抗击新冠肺炎疫情先进个人和先进集体群像扫描》。

还可以是双行标题或三行标题，即在主标题之上加引题或之下加副题，或同时有上下辅题。如：《你的名字，我们的希望——记国家援鄂抗疫医疗队》。

（二）开头

通讯的开头比消息的导语形式更自由，更有想象力和艺术性。其形式多姿多彩，不拘一格，最为常见的开头形式有以下几种。

1. 直入式 开门见山地直接叙述人物、事件，以情节的尽快切人来吸引受众。

2. 描写式 从新闻现场的环境氛围或人物的形象、行为入手，在交代相关人物事件的环境中展开对主体内容的详尽描述，在对人物形象或行为的刻画中为人物树立一个清晰的形象，给受众一个深刻的印象。

3. 引用式 开头直接引用诗词典故、名人名言，这样不仅为通讯增添了艺术色彩，更为主体的叙写营造了文化氛围。也可直接引用新闻事件中人物的语言，选用的语言要经典、简明，且富有个性、饱含深意。

4. 介绍式 开头介绍新闻事件的缘起、结局或人物的生平、事迹等，使读者从总体上把握事件的思想内容或人物的身份品质，对主体的展开起着总领和铺垫的作用。

5. 评议式 媒体针对新闻事件或人物本身的价值、意义、影响等做出客观公正的评价，给读者以情绪上的感染和思想上的启迪，并为下文主体新闻事实的叙写定下基调。

（三）主体

通讯的主体或是展开人物事迹，以展现人物的性格特点和精神面貌；或是记述事件的完整过程，显现事件的典型意义和本质特征；或是反映社会变化、地方风土人情。无论采取哪种方式，主体都要抓住特点、写出变化、有点有面、展示时代精神。

不同类型的通讯，其写作要领各有所不同。

1. 人物通讯的写作要领

（1）揭示人物的内心世界，展示其思想发展的过程，不仅要写人物的行为，还要写其动机和影响。

（2）要注意写人物的性格多面性，不要脸谱化。

（3）通过讲述和再现人物的行为，表现人物的个性。

（4）在矛盾斗争中写人物。

2. 事件通讯的写作要领

（1）从事件中提炼出最有新闻价值的主题。

（2）清晰展示事件的来龙去脉、主要情节以及转折点。

（3）展示事件的关键场面，捕捉事件的戏剧性情节。

（4）写好事件中的人物，以事带人，处理好人物与事件之间的关系。

3. 工作通讯的写作要领

（1）提出的问题要具有现实性，契合当前的工作需要。

（2）善于选择典型事例，以叙述事实为主，用事实提出问题，用事实说明经验。

（3）分析事实，要有理有据、有层次，用摆事实、讲道理的方法，层层深入地向读者阐明问题或经验，忌抽象推理、空说道理。

4. 风貌通讯的写作要领

（1）善于观察，突出见闻　一篇风貌通讯，必须有作者的实地观察、真见真闻、直接感受和现场印象。

（2）善于对比，反映变化　风貌通讯的新闻价值在于“变化”，只有写出变化，才能反映时代新貌。

（3）缘物寄情，抒写感受　风貌通讯可以在叙事、写景的基础上，更地发表议论和抒情，使通讯叙议结合、情景交融。

从总体上看，通讯的主体一般采用“纵式”“横式”及“纵横交错式”三种结构形式。

①纵式结构。即按照事物发展的进程安排层次，也就是以时间的推移为顺序安排材料。这种结构的线索单一、清晰，便于读者掌握来龙去脉。

②横式结构。即按事物的性质来安排材料，各部分对主题有着同样重要的意义。这种结构形式往往不只有一个中心人物，也不是孤立地反映一件事，一般不受时空的限制。

③纵横交错式结构。即从整体结构上按事物的性质安排材料、划分层次；而在某一局部（某一层、某一段），又以时间的推移为顺序安排材料。这种结构形式适用于结构庞大而又复杂的题材。

（四）结尾

通讯的结尾应该是言简意赅的收束之笔、耐人寻味的点睛之笔。有以下几种较为常见的结尾技巧。

1. 评议式结尾　这种结尾方式通常以总结性的句式点明新闻事件的主题思想，即所谓的“卒章显志”。这种写法符合人们认识事物时从感性到理性、从现象到本质的思维规律。

2. 引用式结尾　这种结尾类似于通讯开头所采用的引用法，在通讯结尾处，同样可以引经据典，也可以直接引用新闻当事人的言辞、观点。

3. 展望式结尾　在通讯写作中，针对一些新闻事件的动态特点或是发展变化的不固定性，依据主体内容的现实基础所做出的富有前瞻性的预测、憧憬和展望。

4. 补充式结尾　在通讯写作的过程中，有时会根据内容表达的需要，有意地把那些与主要事实材料相关、但又无须浓墨重彩的材料放在结尾，做必要的补充交代；有时为了突出新闻事实的动态性，有意地将一些新闻事实留到最后展现，表面上是补上一笔，实则是为了强化人们对新闻事实的进一步关注。

五、通讯的写作注意事项

（一）体现时代精神，努力选取典型

每个民族、每个时代都有自己的英雄。不同时代的英雄模范身上，又体现着不同的时代精神。要反映时代，就必须把所写人物放在时代的宏观背景下观察、认识和展现，这样才能够准确地把握主人公先进思想的本质，才能够正确地评价主人公先进事迹的社会价值，才能在人的心中撞出火花、引起共鸣，才能起到感染人、教育人的作用。

时代精神是通过主人公的精神风貌体现出来的。因此，写作不能就事论事，必须挖掘事实所蕴含的精神，挖掘人物行动的思想依据，既见其“形”，更见其“神”。

（二）注意安排情节，精心选用细节

情节不仅可以使事件的发展具有因果性和逻辑性，还能让人物活起来。如果是事件通讯，不论所报道的事件多么复杂、曲折或者多么简单，都应该把事件的前因后果及周围关系交代清楚。整体结构中要有一条清晰的线索，由它所串联起的人和事，与文章所要表达的主题思想是相一致的。

（三）运用多种手法，善用议论抒情

通讯以描述客观事实为主，也可以适当地进行议论和抒情。通讯中的议论，不是议论文中那种逻辑推理式的论证，而是画龙点睛地揭示事物的本质和意义。抒情则是作者亲身感受到的思想情绪的表达和抒发。议论和抒情也常常结合在一起，或是抒情性的议论，或是议论性的抒情，彼此很难截然分开。

（四）用笔富于变化，用语展示个性

典型人物特有的语言，最能表现其思想境界、精神面貌和性格特征。在人物通讯中，把典型人物新鲜活泼、个性化的语言写出来，是塑造人物形象的有效方法之一。通讯虽然是客观地报道事实，但它又可由作者直接抒发对客观事实的主观感受。要让通讯打动人、有感染力和战斗力，除了在叙事中蕴含爱憎分明的感情外，作者还需要用属于自己的独特方式来表达感情。

知识拓展

消息与通讯的区别

消息与通讯都是新闻的主要文体，它们的共同点是都要求具有严格的真实性和及时性，其生命力都在于讲究时效，都具有传播信息、宣传舆论、传播知识的作用。两者的区别也很明显，主要表现在以下方面。

1. 选择材料不同 消息的材料选择范围广泛，可大可小。通讯则要选择含量较大的真实典型材料、受到广泛关注的人和事，往往通过对事实的深入发掘，配合消息发表后续报道、花絮、细节、背景材料等，进一步深化报道任务，体现主流社会价值观。

2. 表述详略不同 消息的内容表述是简单概括。通讯的内容表述比较复杂、详尽，讲究场面和细节描写。

3. 表达方式不同 消息多用叙述。通讯在叙述的基础上，还要运用描写、议论、抒情等多种表达手段。

4. 发稿顺序不同 消息通常先于通讯出现，但是通讯也应当注重时效性。

【例文】

无悔青春绽放战"疫"一线——记重庆大学附属肿瘤医院支援湖北医疗队

陈诚和队友们从重庆到湖北孝感的第21天，天空飘起了小雪。不一会儿，雪越下越大。陈诚推开门，迎着寒风跑向雪地，蹲下身子一笔一画地写下"孝感加油！中国加油！"

重庆大学附属肿瘤医院支援湖北医疗队首批队员共有14名，陈诚是年龄最小的一位。前两天，她们迎来了第二批战友，终于能脱下防护服短暂休整了。20天里，首批队员在孝感艰苦奋战阻击疫情，让许多重症患者转为轻症，让轻症患者痊愈出院。尽管双眼布满血丝，脸颊勒出伤痕，身体满是疲惫，但他们从未后悔"逆行"的选择。

第二批、第三批……医院更多的人加入到这场驰援湖北的战斗中。在武汉金银潭医院，在方舱医院，在孝感市的救治一线，重庆大学附属肿瘤医院的医护人员，这支平均年龄只有33岁的队伍，用奉献诠释着医者的责任，用青春温暖着"前线"的冬天。

"这是我们这个职业必需的选择"

除夕夜，重庆，肿瘤医院几个科室的微信群里"炸开了锅"。

"义不容辞!""我单身，我报名!""时刻准备，不负使命!"……当医院征集支援湖北人员时，兰花正在回成都过年的路上，陈月正在和父母看电视，而隆毅正在赶往机场，但他们都不约而同地报了名。

短短时间内，近百名医护人员踊跃报名。经过筛选，一支由14名医护人员组成的该院首批支援湖北医疗队迅速集结到位。重症医学科副主任李蕊坚定地表示:"这是我们这个职业必需的选择。"

"你是爸妈的心肝儿，但是，面对国家的需要和医院对你的信任，这是最好的选择，好儿女就是要冲锋在前，也是时代赋予你的使命。"当肿瘤放射治疗中心病区护士长匡雅娟即将踏上征程的时候，父亲发来了长长的微信。"父亲是军人出身，平时很少敞开心扉。"匡雅娟看到这段文字感动不已。

作为国家（重庆）紧急医学救援队成员，重症医学科41岁的张宁和29岁的王旺于2月4日驰援武汉。张宁和妻子都是医护人员，两人不在同一家医院，但支援湖北均报了名。而王旺作为90后的男护士，他自认为更加有优势。2月11日，影像科CT组组长余宏也出发了。"作为一名共产党员，在危急时刻就要随时准备冲锋在前。"出发仪式上余宏这样说。

“它是你战斗的证据，也是闪闪发光的荣誉”

救治前线，没有更多的时间用来适应和调整。首批医疗队到达孝感后，重症医学科护士黄倩立即开始了工作。“我是第一次穿防护服，比平时严格许多，流程也复杂许多。”黄倩说，但即将参与患者救治，大家不敢有丝毫松懈。

双腿站立不稳，双手发红过敏，鼻梁被压伤……但为了明天的战斗，必须得一次次反复练习。手套需要四层，防护服相当于是两层。“全套穿好，需要二十多个步骤，最快也得半个小时，但是必须要尽快适应，”作为重症组副组长，李蕊时刻提醒队员，“只有我们站着，病人才能站起来。”第一个夜班，心血管呼吸内科副主任、隔离二病区组长罗玲主动要求第一个上。了解患者病情、熟悉医嘱和病例系统、制定排班表以及规章制度，一圈下来，夜班上成了白班。“一句话经常要重复说几遍，声调要比平时高八度，时间一长，感觉喉咙都在冒烟。”罗玲说。

早上6点过，天还没亮，护士兰花就起床了。输液、发药、做雾化、做好记录……工作的六小时里，兰花和同事穿行在各个病房，甚至没来得及坐下一会儿。等到下班卸去一身装备，顿时感觉双脚酸痛，腰背直不起来，脸颊和双手发白。衣服一拧，汗水直往下流。

顾不上休息，争分夺秒只为从死神手中抢回更多生命。

面对着镜子，映射出一张张陌生的脸庞，总有一瞬间的恍惚，但大家很快就恢复气力。“它是你战斗的证据，也是闪闪发光的荣誉。”李蕊为大家加油鼓劲。

“我想尽自己的微薄力量，温暖她的心”

一向操作熟练的护士胡小娟没有想到，带着护目镜和手套，她的动作变得不利索了。“别紧张，放心进针，我相信你。”患者突然开口。这一幕，被胡小娟印在了心底。

“你们是哪里来的？”“我们来自重庆。”

“谢谢你们，你们给我们希望，给我们信心。”“请放心，我们尽全力，保准把你们治好。”

简单的对话，鼓舞着患者，也温暖着队员。

队员李文均有几天最放心不下一位老婆婆，她需要使用无创呼吸机，而且老人不太会使用呼叫器。每隔一会儿，李文均会去看看液体输完没有、被子盖好没有、氧饱和度夹子是否掉了……“没有家属的陪伴，老人的心是孤独的，我想尽自己的微薄力量，温暖她的心！”李文均说。

“兰花姑娘，兰花姑娘。”54岁的患者王阿姨总是能够准确在层层防护背后，第一时间辨认出兰花的身影。王阿姨因为血糖偏高，焦虑得睡不着觉。

兰花坐在她身边，轻声细语的安慰，让王阿姨对这个重庆护士格外信任。

在只有几平方米的病房，医患双方共同为生而战。温暖他人的同时，也不断被他人所温暖。

2月6日，孝感市中心医院隔离二病区和三病区有6名患者出院。患者写来多封感谢信:“我看不清你的样子，但我记得你的嗓音，知道你就在我身边。”

2月7日，武汉金银潭医院也传来好消息，两名90后患者出院了，她们也是医护人员。队员肖丽笑着与她们告别。“治疗中，她们都说不后悔选择这份职业，只希望能够早日康复，早日回到队友身边，去帮助更多需要帮助的患者，让我很受感动。”肖丽说。

孝感市中心医院给全体医疗队员发来感谢信：你们积极响应国家号召，不计报酬，不畏生死，和我们站在一起，共克时艰，共渡难关……

20天里，这支医疗队有10名队员向重庆支援湖北医疗队临时党支部递交了入党申请书。“全国医护人员不远万里，火速驰援。而我作为其中一员，更加体会到了中国共产党的号召力和凝聚力。”一名队员说出了大家共同的心声。

没有一个冬天不能逾越，没有一个春天不会到来。

2月20日，孝感迎来了久违的晴天，队员们也要重返前线继续战斗。阳光下，大家精神饱满，他们知道，胜利的春天，近了，更近了……

本章小结

内容	知识要点
广播稿	【概念】 广播稿是指广播媒体中经常使用的各种新闻类文体的统称。 【特点】 1. 传播速度快（靠电波传播声音，速度比任何报刊都要快，时效性更强） 2. 传播范围广（广播覆盖范围广、穿透力强、不受时间和文化知识的限制、不受时空、听众的限制） 3. 可听性强（主要靠声音来传播信息、影响听众，进行有目的的宣传） 4. 简短清晰（篇幅要简短，语句表达要简洁、清晰） 【写法】 1. 标题（应集中反映这个报道的主题，让听众明白整篇报道的内容） 2. 称谓（针对不同的听众选取合适的称呼） 3. 正文（新闻式：包括人物、时间、地点、事件、结果等要素；文章式：先总述广播的主题，再分节、分步骤介绍具体内容）

续表

内容	知识要点
消息	**【概念】** 消息是以简明扼要的文字，迅速及时地报道最新事实的短篇新闻宣传文书，是报纸、广播、电视最常用的一种新闻体裁。 **【特点】** 1. 新（能够及时报道最新的事实） 2. 短（文字简明扼要，篇幅短小） 3. 快（报道及时、快速） 4. 活（表现方法灵活，活泼生动） **【写法】** 1. 标题（单行标题、双行标题、三行标题） 2. 导语（以简练、醒目而生动的文字介绍新闻中重要的内容，概括全篇的精华，揭示新闻的主题） 3. 主体（消息内容的具体展开，要求紧扣导语、主题明确、层次分明、材料典型、勇于创新） 4. 背景（有关新闻事实的历史和环境的材料） 5. 结尾（自然收缩法、卒章见义法、别开生面法、展示预告法、拾遗补阙法）
通讯	**【概念】** 通讯是运用叙述、描写、抒情、议论等多种表达方式，对典型人物、新闻事件和新鲜经验进行具体、形象的报道，以及时反映现实生活的新闻体裁。 **【特点】** 1. 新闻性（真人真事，新人新事） 2. 评论性（适当运用议论和抒情，以揭示事物的意义、深化主题） 3. 生动性（灵活运用叙述、描写、议论、抒情等多种表达方式） 4. 完整性（在报道事实方面比消息更加具体、详细和完整） **【写法】** 1. 标题（单行标题、双行标题、三行标题） 2. 开头（直入式、描写式、引用式、介绍式、评议式） 3. 主体（纵式结构、横式结构、纵横交错式结构） 4. 结尾（言简意赅的收束之笔、耐人寻味的点睛之笔）

习题

题库

【单选题】

1. 广播稿属于（　）

A. 事务文书　　B. 公务文书

C. 宣传文书　　D. 经济文书

2. 消息的结构通常由标题、（　）、主体、背景、结尾五部分构成

A. 送达机关　　B. 引言

C. 导语　　D. 发文机关

3. 通讯的结构通常由标题、(　)、主体、结尾四部分构成

A. 开头　　B. 引言

C. 导语　　D. 发文机关

【多选题】

4. 广播稿的特点有（　）

A. 传播速度快　　B. 传播范围广

C. 可听性强　　D. 简短清晰

5. 广播稿包括（　）

A. 标题　　B. 称谓

C. 正文　　D. 主题词

6. 消息的特点有（　）

A. 新　　B. 短

C. 快　　D. 活

7. 按写作特点分类，消息可分为（　）几个类型

A. 综合消息　　B. 动态消息

C. 述评消息　　D. 典型消息

8. 通讯的特点有（　）

A. 新闻性　　B. 评论性

C. 生动性　　D. 完整性

9. 通讯主体的结构有（　）

A. 纵式结构　　B. 横式结构

C. 金字塔结构　　D. 纵横交错式结构

【改错题】

广播稿：自从我省西部地区发生强烈地震以来，本市各界对震灾以后的人民生活十分关心，积极开展赈灾活动，捐款累计已逾 100 万之巨。我公司本来已经捐款（包括捐赠衣服、物品折款）3 万元，近日，公会工作人员牺牲休息时间采用展板、板报等多种形式充分深入地宣传了灾区群众的生活现状和我市捐助情况，公司员工再次捐款近 2 万元。这些钱物已经转送到了灾区。

【简答题】

1. 消息的标题有什么要求？

2. 事件通讯的写作要领是什么？

第五章　经济文书

学习目标

知识目标

1. 掌握招标书、投标书、合同、医药说明书这四种常用经济文书的概念、特点和写法。

2. 熟悉本章四种常用经济文书的写作注意事项。

3. 了解本章四种常用经济文书的分类。

技能目标

能运用所学进行本章四种常用经济文书的写作。

第一节　招标书与投标书

PPT

案例讨论

【案例】 ××市××医院刚刚升格为三级甲等医院，医院拟成立重症监护室。因科室需要，急需购置呼吸机一台，经医院领导研究，拟通过招标方式购买呼吸机。医院采购部门主任让秘书小赵负责招标书的拟写工作，以面向社会公开招标采购。

【讨论】 1. 小赵的这份招标书的结构内容是怎样的？

2. 写作中应注意什么问题？

一、招标书

（一）招标书概述

所谓招标，就是业主按照规定条件发布招标书，邀请投标人投标，在投标人中选择理想合作伙伴的一种方式。通常单位、企业或个人在兴建工程或进行大宗商品交易时，先把有关工程或商品的标准、价格、条件、说明等内容以招标书的形式对外发布，以完全公开或邀请的方式招人承建、承买或承卖。

知识链接

《中华人民共和国招标投标法》

《中华人民共和国招标投标法》是为了规范招标投标活动，保护国家利益、社会公共利益和招标投标活动当事人的合法权益，提高经济效益，保证项目质量制定的法律。

1999 年 8 月 30 日第九届全国人民代表大会常务委员会第十一次会议通过《中华人民共和国招标投标法》。2017 年 12 月 27 日第十二届全国人民代表大会常务委员会第三十一次会议对《中华人民共和国招标投标法》进行了修订。

招标投标的基本原则

《招标投标法》依据国际惯例的普遍规定，在总则第 5 条明确规定："招标投标活动应当遵循公开、公平、公正和诚实信用的原则。"

招标书又称招标通告、招标启事、招标广告、招标说明书，是招标人利用投标者之间的竞争，达到优选买主或承包项目、降低标的成本而形成的一种书面文书。它是招标过程中介绍情况、指导工作，履行一定程序所使用的一种实用性文书，是一种告知性文书。

采用招标的方式，招标者根据自己提出的要求，对投标书进行择优比选，既可以节约工程和交易的成本、尽可能地获得最优的招标价格，还可以缩短建设工期或商品交易的交货期、确保工程或商品项目的质量，从而获得最大的经济效益，有利于招标者单位或企业的发展。采用招标的方式，还可以打破国家地区的限制和部门的垄断，促进我国市场经济的公平竞争。

（二）招标书的类型

1. 按招标的方式划分　可分为公开招标书和邀请招标书。

（1）公开招标书　采用公开招标的，招标人应通过国家指定的报刊、信息网络或者其他媒体发布招标公告，邀请具备相应资格的不特定的法人投标。

（2）邀请招标书　采用邀请招标的，招标人应以发送投标邀请书的方式，邀请三个以上具备相应资格的特定的法人投标。

2. 按招标的内容和性质划分　可分为生产经营性招标书和技术性招标书。

（1）生产经营性招标书　可分为货物、工程和服务三大类，具体包括工程招标书、承包招标书、产品销售招标书、劳务招标书等。根据具体标的物的不同，还可以进一步细分，如工程类招标书可进一步分为施工工程、装饰工程、水利工程、道路工程、化学工程等招标书。

（2）技术性招标书　包括科研课题、技术引进或技术转让招标书等。

3. 按招标的范围划分　可分为国际招标书和国内招标书。

（1）国际招标书　面对的是国际单位和企业，它没有地域国别的限制。要求有中、英两种版本，按国际惯例以英文版本为准，但考虑到我国企业的外文水平，标书中常特别说明"当中英文版本产生差异时以中文版本为主"。

（2）国内招标书　主要面对国内单位和企业，限制国外有更强竞争力的企业的进入，以保护民族产业。

（三）招标书的特点

1. 竞争性 招标的目的是从诸多投标的竞争者中选择最好的合作者。招标者在招标书中鼓励竞争者加入，从而保证工程（货物）价格、质量、完工或交货日期达到最优化。

2. 公开性 招标书通常要借助媒体公开向社会发布，将项目、内容、条件以及联系方法等公开告知竞标者，以便投标者充分研究、进行投标。

3. 规定性 招标书中有许多规定的项目、内容，尤其是对竞标者的资质、重大项目的保证金、投标期限等必须要有明确、具体的规定。

（四）招标书的写法

招标书通常由标题和正文两部分组成。

1. 标题 常见的写法有四种。

（1）由“招标单位＋事由＋文种”构成 如：《××市中医院救助药品采购公开招标公告》《××医院2020年食堂承包经营招标书》等。

（2）由“事由＋文种”构成 如：《施工图审查服务招标公告》《演播室集控系统招标公告》等。

（3）由“招标单位＋文种”构成 如：《××医院招标广告》。

（4）由招标文种构成 如：《招标通告》《招标公告》《招标书》等。

2. 正文 正文由引言、主体和结尾三个要素组成。

（1）引言 应写明招标的缘由、目的、依据及招标的项目。引言部分的文字表达要求语言简洁、要点突出。《××大学住宅小区建筑工程施工招标通告》的引言如下。

本公司负责组织建设的××大学住宅小区建筑工程的施工任务，经××市城乡建设委员会批准，实行公开招标，择优选定承包单位，现将招标有关事项通告如下：

（2）主体 主体部分要详细交代招标的内容、要求及有关事项。一般采用条文式书写，有时还须列表说明。

①招标方式。写明本次招标是公开招标还是邀请招标。

②招标范围。应说明投标单位的资质及应提交的文件。具体如下。

凡持有一二级建筑安装企业营业执照的单位皆可报名参加投标。报名时应提交下列文件：A. 投标单位概况表；B. 技术等级证书（复制件）；C. 工商营业执照（复制件）；D. 外地建筑企业在本市参加投标许可证。

③招标内容及要求。以建筑工程招标为例，标明工程名称、建筑面积、设计要求、承包方式、交工日期等。《××大学住宅小区建筑工程施工招标通告》的招标内容及要求如下。

工程名称和地址：××大学住宅小区，坐落于××市××区××路368号。

工程主要内容：总建筑面积10.8万平方米，其中12至16层大模外挂板住宅楼6座，计5.85万平方米，砖混结构8层住宅楼5座，计4.15万平方米，其余为配套附属建筑，均为砖混结构。工程质量要求应符合国家施工验收规范。

承包方式：全部包工包料（建设单位提供三材指标）。

交工日期：××××年××月。

④招标程序。包括开标、投标的有关说明，比如招标文件发售时间、地点，招标文件售价，

投标截止时间、地点，开标时间、地点等。《××市环境空气质量自动监测系统建设招标书》中的招标有关说明为如下。

1. 招标文件发售时间：2020年6月8日至6月22日工作时间

2. 招标文件发售地点：××市政府采购中心（××市××区××村78号国际商贸大厦602室）

3. 招标文件售价：人民币600元/份（售后不退）；投标人缴纳标书费后，在××市政府采购网下载招标文件。

4. 投标地点：××市政府采购中心6楼开标厅。

5. 投标截止时间：2020年6月30日北京时间12：00。

6. 开标时间：2020年6月30日北京时间14：00。

7. 开标地点：××市××区××路68号国际商贸大厦6楼。

⑤其他有关事项。可写明双方签订合同的原则、招标过程的权利和义务、组织领导、其他注意事项等内容。《××市环境空气质量自动监测系统建设招标书》中的有关规定如下。

1. 超过投标截止时间、不按规定密封的投标或不按《招标文件》规定提交有效足额投标保证金（以汇票、支票、现金支付）的投标，我中心恕不接受。

2. 提交投标保证金户名：××招标采购（集团）有限责任公司。

3. 开户行：××银行××路分理处

4. 账号：2904××××××××

（3）结尾　应写明招标单位名称、地址、电话、电报、邮政编码等，以便投标者联络、参与。

（五）招标书的写作注意事项

1. 应符合国家相关法律法规　写作招标书前，应熟悉国家及地方的相关政策、法律法规，遵守国家对招标工作的有关规定和具体办法，执行国家颁布的技术规范及质量标准，这样才能保证招标书的法律有效性。

2. 应严谨周密、具体明确　招标书既是一种“广告”，也是签订合同的依据，是一种具有法律效力的文件。因此在内容和措辞上，要特别严谨与周密。具体事项和内容一定要写得具体、明确、严密无误，绝不能模棱两可。

3. 应语言简洁、语气得体　招标书无须长篇大论，只需简要介绍内容、突出重点即可，切忌胡乱罗列、堆砌。招标书涉及的是交易贸易活动，应遵守平等、诚恳的原则，切忌盛气凌人或低声下气。

【例文】

××中医药大学化学试剂和低值易耗品采购招标书

××中医药大学需采购一批化学试剂和低值易耗品，为了保证该批产品的质量以及价格合理，维护学校的利益，根据国家的有关法律法规和××中医药大学的相关规章制度，本着公平、公正和公开的原则，现就该项目面向社会进行公开招标，欢迎有一定实力的公司和厂家进行竞标，具体事项如下：

一、招标项目名称：××中医药大学化学试剂和低值易耗品采购项目

二、招标内容要求

见《招标文件》中项目技术规格、数量及质量要求。

三、投标、开标有关说明

（一）招标文件发售时间：2020年6月8日至6月22日工作时间

（二）招标文件发售地点：××中医药大学基建后勤处（××市××区××路68号××中医药大学行政楼210室）

（三）招标文件售价：人民币300元/份（售后不退）；投标人缴纳标书费后，在××中医药大学基建后勤处网下载招标文件。

（四）投标地点：××中医药大学行政楼211会议室

（五）投标截止时间：2020年6月30日北京时间12：00。

（六）开标时间：2020年6月30日北京时间14：00。

（七）开标地点：××中医药大学行政楼211会议室

四、有关规定

（一）超过投标截止时间、不按规定密封的投标或不按《招标文件》规定提交有效足额投标保证金（以汇票、支票、现金支付）的投标，我中心恕不接受。

（二）提交投标保证金户名：××中医药大学招标采购

（三）开户行：××银行××支行

（四）账　号：2904××××××××

五、联络

招标采购单位全称：××中医药大学

详细地址：××市××区××路68号××中医药大学基建后勤处（行政楼210室）

联系人：张小燕　李大伟

邮　编：××××××

传　真：××××××

电　话：××××、××××

二、投标书

（一）投标书概述

投标书是指投标单位按照招标书的条件和要求，向招标单位提交的报价并填具标单的专用文书。投标书是投标单位在充分领会招标文件，进行现场实地考察和调查的基础上所编制的文书，是对招标书提出要求的响应与承诺，并同时提出具体的标价及有关事项来竞争中标。它要求密封后邮寄或派专人送达招标单位，故又称投标函。

（二）投标书的类型

因投标书是依托招标书而存在的一种文书，所以其分类与招标书的分类密切相关。

1. 根据招标的内容和性质 可分为生产经营性投标书和技术性投标书。

2. 根据招标的范围 可分为国际投标书和国内投标书。

（三）投标书的特点

1. 针对性 投标书必须针对招标单位特定招标工作的具体内容和要求写作，若偏离、遗漏招标的内容，或是未按照招标的规范和要求写作，就不能中标，因此投标书具有很强的针对性。

2. 求实性 投标书是经济活动中达成合作的重要参考，招标单位需要根据投标书了解投标单位是否符合招标要求，因此投标书的内容必须真实准确，不得弄虚作假、夸大或隐瞒。

3. 合约性 投标书作为招投标双方达成合作意向后签订合同的基础文书，本身具有合约的性质，一旦投标，意味着投标方已做好了与招标方合作的准备，一旦中标就必须履行约定的相关责任。

（四）投标书的写法

投标书通常由标题、送达单位、正文和结尾四部分构成。

1. 标题 居中编排。

（1）只写文种 是最常见的写法，如：《投标书》《投标函》《投标申请书》。

（2）由“投标项目＋文种”两个要素组成 如：《简易录音室设备项目投标书》。

（3）由“投标单位＋投标项目＋文种”组成 如：《××公司医疗设备采购项目投标书》。

2. 送达单位 在标题下顶格位置写明送达单位，即投标书所针对的招标单位。

3. 正文 一般包括引言和主体两部分。

（1）引言 简要说明投标的依据、目的等。具体如下。

我方在研究了××大学住宅小区建筑安装工程的招标条件和勘察、设计、施工图纸，并参观了建筑安装工地后，经认真研究核算，愿意承担上述工程的施工任务。

（2）主体 主体部分应根据招标书的目标和要求，交代清楚投标项目的基本情况，如质量要求、竣工日期；具体提出完成投标项目所要采取的措施，如专业技术、组织管理、安全生产措施等。有的还要附上关于投标单位优势的分析，阐明投标单位的指导思想和经营方针等。

4. 结尾 通常要写出投标发出日期、投标单位名称、地址、电话号码、投标单位名称及法人代表名称或姓名，并加盖印章。若有附件，如法人证书、生产许可证、授权书等，还需注明附件名称并附上附件原文，复印件要加盖印章。

（五）投标书的写作注意事项

1. 内容要实事求是 投标单位必须在认真研究招标书的基础上，客观估计自身的技术、经济实力，经充分论证后，再决定是否投标，并实事求是地填写标单和撰写投标书，绝不可弄虚作假。因为一旦中标，就必须在规定期限内与招标方签订合同，按合同办事。

2. 方案要切实可行 制订投标方案，一定要依据国家有关政策和投标单位的实际情况，使投标方案切实可行，这样才更有可能中标。

3. 注意投标时效性 招标单位在招标书中已明确了投标期限，过时不候，因此，投标单位一定要在招标单位规定的时间内写好投标书，并递交到招标单位。

【例文】

投标函

××医药大学：

一、在研究 YYDX－JX－2020－2668－02 号招标文件（含补充文件）后，我们愿意按照人民币（大写：陆拾万元整）（小写：600000.00 元）的投标总价，遵照招标文件（含补充文件）的要求承担本招标项目的实施，完成本次招标项目的全部项目内容及其保修工作。

二、若贵单位接受我们的投标，我们将保证在60个日历天的供货期内完成本招标项目的全部工作内容，并达到招标工作要求。

三、我们同意从规定的开标之日起56个日历天的投标书有效期内严格遵守投标文件的各项承诺。在此期限届满之前，本投标书始终对我方具有约束力，并随时接受中标。

四、在合同书正式签署生效之前，本投标书连同贵单位的中标通知书将构成我们双方之间共同遵守的文件，对双方具有约束力。

五、我们理解贵单位不负担我们任何的投标费用。

六、根据投标人须知第 3 条规定，我方承诺，与对本次招标货物进行设计、编制规范和文件的单位或其附属机构均无关联。我方不是买方的附属机构。

七、随同本投标书，我们出具人民币叁仟元的投标保证金。我们完全接受招标文件中投标人须知第 12 条 6 款的规定。如有违反，贵单位有权撤销我单位中标资格，另选其他中标单位。

投标人：××医疗器械公司（印章）

单位地址：××市经济开发区果园路 326 号创业创新园 A 座 6 层

法人代表或投标人授权代表：王×（签字或盖章）

邮编：230601　电话/传真：159××××××

开户银行名称：中国建设银行××开发区支行

开户银行账号：3300××××××××

日　　　　期：××××年 6 月 18 日

PPT

第二节 合 同

案例讨论

【案例】小王在××医疗机构做药品采购员，最近打算通过省医药采购服务平台以网购的形式采购一批药品，为确保药品网上交易的顺利进行，明确双方的权利和义务，需签订一份药品网购合同。

【讨论】1. 小王的这份合同书的结构是怎样的？

2. 合同的基本条款有哪些？

3. 合同写作中应注意什么问题？

一、合同概述

合同，旧称契约。2020年5月28日第十三届全国人民代表大会第三次会议通过的《中华人民共和国民法典》（以下简称《民法典》）明确规定，合同是指民事主体的自然人、法人、其他组织之间设立、变更、终止民事法律关系的协议。合同或契约是一种最古老又最现代的法律关系和社会关系。它伴随着人类由野蛮状态进入文明社会，是交易及商品关系的媒介。

二、合同的类型

《民法典》中列举了十九种典型合同：买卖合同，供用电、水、气、热力合同，赠与合同，借款合同，保证合同，租赁合同，融资租赁合同，保理合同，承揽合同，建设工程合同，运输合同，技术合同，保管合同，仓储合同，委托合同，物业服务合同，行纪合同，中介合同，合伙合同。

（一）买卖合同

出卖人转移标的物的所有权于买受人，买受人支付价款的合同。

（二）供用电合同

是供电人向用电人供电，用电人支付电费的合同。

（三）赠与合同

赠与人将自己的财产无偿给予受赠人，受赠人表示接受赠与的合同。

（四）借款合同

借款人向贷款人借款，到期返还借款并支付利息的合同。

（五）保证合同

为保障债权的实现、保证人和债权人约定，当债务人不履行到期债务时，由保证人履行债务或者承担责任的合同。

（六）租赁合同

出租人将租赁物交付承租人使用、收益，承租人支付租金的合同。

（七）融资租赁合同

出租人根据承租人对出卖人、租赁物的选择，向出卖人购买租赁物，提供给承租人使用，承租人支付租金的合同。

（八）保理合同

应收账款债权人将现有的或者将有的应收账款转让给保理人，保理人提供资金融通、应收账款管理或者催收、应收账款债务人付款担保等服务的合同。

（九）承揽合同

承揽人按照定作人的要求完成工作，交付工作成果，定作人给付报酬的合同。

（十）建设工程合同

承包人进行工程建设，发包人支付价款的合同。

（十一）运输合同

承运人将旅客或者货物从起运地点运输到约定地点，旅客、托运人或者收货人支付票款或者运输费用的合同。

（十二）技术合同

当事人就技术开发、转让、许可、咨询或者服务订立确立相互之间权利和义务的合同。

（十三）保管合同

保管人保管寄存人交付的保管物，并返还该物的合同。

（十四）仓储合同

保管人储存存货人交付的仓储物，存货人支付仓储费的合同。

（十五）委托合同

委托人和受托人约定，由受托人处理委托人事务的合同。

（十六）物业服务合同

物业服务人在物业服务区域内，为业主提供建筑物及其附属设施的维修养护、环境卫生和相关秩序的管理维护等物业服务，业主支付物业费的合同。

（十七）行纪合同

行纪人以自己的名义为委托人从事贸易活动，委托人支付报酬的合同。

（十八）中介合同

中介人向委托人报告订立合同的机会或者提供订立合同的媒介服务，委托人支付报酬的合同。

（十九）合伙合同

两个以上合伙人为了共同的事业目的，订立的共享利益、共担风险的协议。

三、合同的特点

（一）合法性

合同双方当事人必须具有合法资格，合同的内容和条款应符合法律规定，合同形式必须规范。

（二）平等性

合同双方当事人的地位是平等的，不论经济实力的强弱、行政权力的大小，任何一方不得把自己的意志强加于对方。双方的权利义务关系是对等的。

（三）约束性

依法成立的合同受法律保护，双方当事人必须严格遵守合同条款，违反合同条款，就要承担违约责任。

四、合同的写法

合同有表格式、条文式、表格条文式三种形式。一般来说，合同通常由标题、约首、正文和约尾四部分组成。

（一）标题

标题也称合同的名称，由性质和文种两个要素构成。其写法有以下几种。

1. 将合同种类作为标题 如：《租赁合同》《买卖合同》《借款合同》等。

2. “合同标的或经营范围＋文种”为标题 如：《药品市场推广服务合同》《特种设备买卖合同》等。

3. “签约时间＋文种”为标题 如：《2020年药品采购合同》。

4. “签约主体＋文种”为标题 如：《××公司中药品买卖合同》《徐××土地承包转让合同》等。

5. 综合以上几种要素的写法 如：《××公司2020年中药品买卖合同》。

（二）约首

约首位于标题之下，包括合同编号、当事人名称、签约时间、地点等内容。

合同标题的下方，左半部分写立合同人，先写甲方（供方、卖方），再写乙方（需方、买方）；右半部分写合同编号、签订地点、签订时间。签订合同当事人名称应写全称，或规范的简称。合同编号可有可无，为方便查阅和管理，可统一编号。

（三）正文

合同的正文包括引言和主体两部分。

引言要写出订立合同的目的、依据等。用“主要条款如下”等引出主体部分。

主体部分就是合同的基本条款，合同的内容由当事人约定，一般包括下列八项条款：当事人的姓名或者名称和住所；标的；数量；质量；价款或者报酬；履行期限、地点和方式；违约责任；解决争议的方法。合同的主要条款不能省略。

1. 当事人的姓名或者名称和住所 当事人是合同权利义务的承受者，没有当事人，合同权利义务就失去存在的意义，给付和受领便无从谈起，因此，订立合同须有当事人这一条款，具体合同条款的草拟必须写清当事人的名称或者姓名和住所。

2. 标的 是指合同当事人权利义务共同指向的对象，如保管合同的保管物、技术合同的技术等。合同不规定标的，就会失去目的、失去意义，标的是一切合同的主要条款。

知识链接

《民法典》中针对网购的合同条款约定

根据目前较为常见的网购，出台了针对性较强的合同条款约定。

《民法典》第五百一十二条　通过互联网等信息网络订立的电子合同的标的为交付商品并采用快递物流方式交付的，收货人的签收时间为交付时间。电子合同的标的为提供服务的，生成的电子凭证或者实物凭证中载明的时间为提供服务时间。前述凭证没有载明时间或者载明时间与实际提供服务时间不一致的，以实际提供服务的时间为准。电子合同的标的物为采用在线传输方式交付的，合同标的物进入对方当事人指定的特定系统且能够检索识别的时间为交付时间。

电子合同当事人对交付商品或者提供服务的方式、时间另有约定的，按照其约定。

3. 数量 标的（物）的数量要确切，应选择双方共同接受的计量单位，确定双方认可的计量方法及合理的磅差或尾差。

4. 质量 标的（物）的质量需写得详细具体，如标的（物）的技术指标、质量要求、规格、型号等要明确。

5. 价款或者报酬 价款是取得标的物所应支付的代价报酬，是获得服务所应支付的代价。要明确商品的总价、单价、货币种类及计算标准、付款方式、程序、结算方式等。价款，通常指标的物本身的价款，但因商业上的大宗买卖一般是异地交货，产生的运费、保险费、装卸费、保管费、报关费等一系列额外费用由哪一方支付，也需在价款条款中写明。

6. 合同履行的期限、地点和方式

（1）履行期限　直接关系到合同义务完成的时间，涉及当事人的期限利益，也是确定违约与否的因素之一，十分重要。日期要用公元纪年，年、月、日要写齐全。

（2）履行地点　是确定验收地点的依据，是确定运输费用由谁负担、风险由谁承受的依据，所以地点要写准确、具体。

（3）履行方式　是当事人履约的具体办法，例如是一次交付还是分期分批交付，是交付实物还是交付标的物的所有权凭证，是铁路运输还是空运、水运等，在合同中应写明。

履行时间、地点和方式是合同中最容易引起纠纷的地方，因此，在签订合同书时务必规定明确、具体。

7. 违约责任 是指对不履行合同的当事人所进行的制裁，这是维护当事人合法权益的根本保障。需逐一估计可能发生的事，对不可抗拒的因素如何处理的条款也应注明。

8. 解决争议的方法 在合同履行中有时会出现纠纷和争议，因此有必要依据合同法中的规定将解决合同争议的途径写入条款中。

（四）约尾

约尾包括相关的必要说明和落款两部分。

1. 相关的必要说明　含合同的份数、保管、有效期及表格、图纸、实物等相关附件。

2. 落款　写明合同当事人单位的全称，签订人签字并加盖公章；还要写上签订合同的日期及合同当事人的有效地址、邮政编码、联系电话、银行账号等，签约日期要写明年、月、日。

五、合同的写作注意事项

现实中，大量民事诉讼的起因是合同纠纷。多数是因当事人在合同书的写作过程中没有按照合同法的要求进行操作，对合同要素和文字表达斟酌、审核不够，从而影响当事人真实意思的表达，造成当事一方或多方在理解上的偏差，形成合同陷阱。为避免合同陷阱的出现，在合同书的写作与签订过程中应注意以下事项。

（一）合同约定内容必须符合国家法律规范

合同约定的内容，不能有损害国家、集体或第三人利益的内容，不能有损害社会公共利益和社会公德的内容，不能有违反法律、行政法规的强制性规定内容。

（二）合同格式要规范

合同的格式要规范标准，条款要齐全，文面要整洁、无涂改。

（三）合同语言表达要准确、精练

拟写合同，概念表达要清楚，标点使用要规范，合同中用到的词或词组要能准确界定事物的内涵与外延，避免引起歧义。如合同中常用到“订金”与“定金”；也要注意慎用“尽快”“较高”这类模糊词语，代之以具体的时限和指标要求。

【例文】

××省交通医院药品采购合同

合同编号：＿＿××××＿＿

甲方（买方）：＿＿××省交通医院＿＿　　签订地点：＿＿×××××＿＿

乙方（卖方）：＿＿××××公司＿＿　　签订时间：××××年××月××日

甲乙双方本着平等自愿、诚实信用的原则，根据《民法典》等法律、法规、规章、规范性招标文件及药品集中招标采购代理机构向乙方发出的中标通知书，经双方协商一致，就有关事项达成如下具体条款：

第一条　药品品种、数量、价格

1. 采购药品品种和数量：甲方向乙方所采购的药品×品种、剂型、规格、数量等详见＿药品采购清单＿（附件一），合计：品种为×个，签约金额为×元，大写（××元），含增值税，税率：＿×%＿。

2. 药品的价格

（1）在合同有效期内乙方提交药品的价格必须是中标通知书中确认的价

格，本价格为甲方的入库价格。

(2) 中标药品价格执行期间，遇国家或省价格主管部门调整价格时，对未供货部分，甲乙双方及时调整中标供货价格（原则上按中标供货价格同比例调整）。

第二条　质量标准

乙方交付的药品必须符合国家最新药典或国家药品监督管理部门规定的标准，并与投标时的承诺相一致，附有该药品生产企业同批号的出厂药品批次检验记录或合格证。

第三条　药品有效期

1. 乙方交付药品的有效期应与投标文件中规定的有效期相一致。

2. 乙方所提供药品的有效期不得少于12个月；特殊品种双方另行协商。

第四条　包装标准

1. 乙方提供的全部药品均应按国家规定的标准保护措施进行包装，每一个包装箱内应附有一份详细装箱数量单和该药品生产企业同批号的出厂药品批次检验记录或合格证（进口药品应提供进口药品注册证和口岸药检所的进口药品检验报告书复印件，并加盖经营企业公章）。如为拼装箱件，箱内应按前述要求附有各种药品数量单和药品质量证明材料复印件，并加盖配送企业公章。

2. 特殊要求：＿＿＿＿＿＿＿＿/＿＿＿＿＿＿＿＿。

第五条　配送服务

配送由乙方负责。乙方按合同要求对甲方提供服务，每次配送的时间和数量以乙方收到＿甲方的书面供货通知/省医药招标采购网上的采购计划＿为准。原则上在乙方收到＿供货通知＿后＿48＿小时内送达，属急救及加急供货的应在＿4＿小时内送达。乙方负责药品的现场搬运或入库，并提供药品开箱或分装的用具。

第六条　验收方式

乙方送达甲方指定地点后的当日，双方现场进行数量和外观验收。

第七条　双方的权利义务

1. 甲方必须按合同约定采购中标的药品品种；除本条第四项规定外，甲方不得采购其他非中标药品替代中标品种。

2. 甲方须在合同规定的时间内，按实际入库的药品数量及时结算货款；并在货物验收入库后＿＿×＿＿日内结清货款。

3. 甲方在接收药品时，应于当日对药品进行验收入库，对乙方提供的药品不符合合同约定的品种、数量、质量要求的部分，甲方有权拒绝接受。

4. 甲方有证据证明乙方交付的药品不符合质量标准（以省、省辖市药监部门的检验结果为准）或延期交货等不按合同约定交货时，可以书面通知乙方终止该药品的供货。

5. 乙方必须按照合同约定的药品品种、数量、质量要求和期限，配送中标药品。

6. 乙方应保证甲方在使用中标药品时，不存在该药品专利权、商标权或保护期等知识产权方面的争议，如产生争议由乙方自行处理和承担责任。

7. 乙方应对验收时发现的破损、有效期少于___12___个月或不符合特殊约定期限的药品及其他不合格包装药品及时更换。

8. 乙方供应药品在医院使用过程中，因受举报、抽检等检查出现质量问题，属生产经营企业责任的，被药品监督管理部门处罚的后果由乙方负责。

第八条 违约责任

1. 乙方提供的药品不符合合同约定质量、期限等要求，给甲方造成损失的乙方应当赔偿损失。

2. 乙方不履行本合同或未按合同约定的时间、地点配送药品或提供伴随服务，甲方可要求乙方支付违约金。乙方每延误___7___日，违约金为迟交药品货款的___5___%，直至交货或提供服务为止，但违约金最高不超过迟交药品货款的___50___%；乙方在支付违约金后，甲方要求继续履行合同义务的，乙方还应当履行应尽义务。违约金不足以弥补甲方损失的，乙方应另行赔偿损失。

3. 甲方未在合同约定的期限内向乙方支付货款的，乙方可要求甲方支付违约金。甲方每迟延支付___7___日，违约金为未支付货款金额的___5___%，直至甲方支付应付货款为止，但违约金最高不超过未支付货款金额的___50___%；当甲方未支付货款金额达到本合同约定金额的___50___%时，乙方可以书面形式通知甲方终止合同，同时书面向医疗机构药品集中招标采购工作委员会办公室和本地人民政府纠正行业不正之风办公室报告。

第九条 合同生效及合同有效期

1. 本合同自双方签字盖章之日起生效。合同有效期自××××年××月××日至××××年××月××日。

2. 本合同履行期满10日前，一方当事人就续约一事提出书面异议的，本合同履行期满终止。双方均未提出异议的，本合同自动续约至下一轮招标采购合同生效之日止。

第十条 争议解决

甲乙双方因履行本合同发生争议，应首先协商解决；协商不成时，按以下第1种方式解决：

1. 任何一方可选择___合同签订地___人民法院；

2. ___________/___________仲裁委员会解决纠纷。

第十一条　需要双方明确的其他事项

1. 甲乙双方已相互提示就本合同各条款作全面、准确的理解，并应对方要求作了相应的说明，签约双方对本合同的认识已达成完全的一致。

2. 甲乙双方对在履行本合同过程中而知悉的对方的商业秘密，包括但不限于各自提交给对方的合同、文件、资料、数据等，或其他使用对方处于有利竞争地位的信息，负有保密义务。任何一方不得将对方商业秘密披露给任何第三方或不当使用，但经对方书面同意或按法律规定除外。

3. 合同一方通信地址的变更，须以书面形式通知对方。合同一方按本合同规定向对方发出的通知或其他信函，应以书面形式作出，并经专人、速递或传真按本合同中注明的注册地址向对方发出。送达时间以下列规定为准：

（1）专人交付之日视为送达之日；

（2）速递在发送后第三天被视为送达；

（3）传真方式以顺利发出当天后的第一个工作日视为送达。

4. 本合同所述不可抗力指不能预见、不能避免并不能克服的客观情况，包括但不限于：天灾、水灾、地震或其他灾难，战争或暴乱，以及其他在受影响的一方合理控制范围以外且经该方合理努力后也不能防止或避免的类似事件。受不可抗力影响的一方应及时向对方通报不能履行或不能完全履行的理由，以减轻给对方造成的损失，在取得有关机构证明后，允许延期履行、部分履行或者不履行合同，并根据情况可部分或全部免予承担违约责任。

5. 本合同的所有附件是本合同不可分割的一部分。

第十二条　本协议一式__肆__份，甲方__贰__份，乙方__壹__份，药品集中招标采购代理机构一份，医疗机构药品集中招标采购工作委员会办公室一份，具有同等法律效力，经甲乙双方签字并盖章后成立。

第十三条　本合同未尽事项，由甲、乙双方另行议定并签订补充协议。补充协议与本合同具有同等效力。补充协议不得违背招标文件及本合同的实质性内容。补充协议与合同具有同等的法律效力。同时，由甲方在七日内将补充协议送医疗机构药品集中招标采购工作委员会办公室和药品集中招标采购代理机构各一份备案。谈判过程中形成的资料、意向与本合同不一致的一律以合同为准。本合同与医疗机构药品购销合同有冲突的，以本合同为准。

附件：药品采购清单

甲方（盖章）：	乙方（盖章）：
单位地址：××××××	单位地址：××××××
法定代表人：张××	法定代表人：李××
（负责人）：王××	（负责人）：朱××
签约代表：赵××	签约代表：刘××
联系电话：159××××××××	联系电话：136××××××××

开户银行： 开户银行：
账 号： 账 号：
邮政编码： 邮政编码：

第三节 医药说明书

PPT

案例讨论

【案例】小张从某医学高等专科学校毕业，经学校就业指导中心推荐到××药厂工作。今年，该药厂将生产新研发的一种药品，该厂生产车间李主任要求小张给这一种药品拟写一份药品说明书，以便顾客了解药品的成分、原理等。

【讨论】1. 医药说明书是什么？

2. 其结构内容应该是怎样的？

3. 写作中应注意什么？

一、医药说明书概述

医药说明书是药品说明书和医疗器械说明书的总称，是用简洁、直白的语言向消费者介绍药品或医疗器械的名称、性能、特点、使用方法、注意事项等内容的一种文书。

医药说明书可以帮助消费者认识、了解产品，指导消费者安全、科学、合理使用药品或医疗器械，有效发挥产品的使用价值。同时它还具有宣传推销产品、扩大信息交流的作用。

二、医药说明书的类型

按写作方式划分，医药说明书可分为条款式说明书、叙述式说明书、表格式说明书等。

按包装方法划分，医药说明书可分为外包装式说明书和内装式说明书。外包装式说明书即印在包装盒外的说明书，内装式说明书即放在产品包装盒内，印在纸上的说明书。

医疗器械说明书还可分为使用说明书、安装说明书等。

三、医药说明书的特点

（一）实用性

医药说明书旨在让消费者在使用产品之前了解产品的特征、性能和使用方法，帮助消费者在阅读说明书后，能正确地使用产品，避免因不了解而误用产品、出现意外情况。

（二）真实性

医药说明书涉及使用者的人身安全，其对产品的说明必须真实、准确，不能含糊不清，不能有错误和疏漏，更不允许有丝毫的虚构和夸张。

（三）通俗性

为了使广大消费者都能轻易读懂医药说明书的内容，在撰写时必须使用现实生活中经常运用的、朴素的、通俗易懂的语言，深入浅出、言简意明，尽量少用专业术语。

四、医药说明书的写法

医药说明书由标题、正文和落款三部分组成。

（一）标题

常见的医药说明书标题有以下三种形式。

1. 直接写产品名称 如：《电子血压计》。

2. “产品名称或说明对象＋文种” 如：《陈香露白露片说明书》。

3. “使用对象＋产品名称或说明对象＋文种” 如：《小儿氨酚黄那敏颗粒说明书》。

（二）正文

正文是医药说明书的核心。

药品说明书的正文主要包括药品名称、成分、性状、功能主治、规格、用法用量、不良反应、禁忌、贮藏方法、有效期、注意事项、产品批号等。

医疗器械说明书的正文主要包括产品的构成、型号、功能、使用方法、保养维护、注意事项等。

（三）落款

医药说明书的落款一般包括生产企业名称、地址、联系方式等。

五、医药说明书的写作注意事项

（一）重点突出

医药说明书的篇幅较为短小，因此，需要抓住主要特征、用有限的文字对产品进行介绍。

一般情况下，药品说明书是人们常用的、容易掌握的，其内容可相对简单，重点介绍药品的用法、用量和禁忌；医疗器械说明书由于其产品性能通常较为复杂，篇幅一般较长，有的装订成册，其内容较翔实，重点突出产品的使用方法、注意事项和维修保养。

（二）条理清晰

根据人们的接受规律，有条理、具体地对产品进行说明。在介绍产品要点时，需由浅入深、循序渐进。

（三）简洁准确

医药说明书要尽可能使用简洁、精练、准确、通俗的语言，使人一目了然，这样才能快速而准确地传递产品相关信息，才能让使用者快速而有效地了解产品、正确使用产品。严禁使用冗长繁杂、模糊不清甚至产生歧义的语言，否则会使读者花费大量时间进行阅读却仍无法正确使用产品，可能会造成不良后果。

课堂互动

医药说明书的类型和写法

熟悉医药说明书的类型、写法及写作注意事项。

学生相互交换课前收集到的医药说明书，讨论如下问题：

1. 按写作方式和包装方法划分，你手中的说明书分别属于何种类型？

2. 医药说明书的结构内容应该是怎样的？

3. 写作中应注意什么？

教师解答：

1. 按写作方式，医药说明书可分为条款式说明书、叙述式说明书、表格式说明书等。按包装方法，医药说明书可分为外包装式说明书和内装式说明书。医疗器械说明书还可分为使用说明书、安装说明书等。

2. 医药说明书的格式内容包括标题、正文和落款。

3. 写作中应注意：内容真实，重点突出；条理清晰，层次分明；语言简洁、通俗、准确。

【例文】

×××说明书

请仔细阅读说明书并按说明使用或在药师指导下购买和使用

【药品名称】××××××

【主要成分】玄参、百部（制）、天冬、牡丹皮、麦冬、款冬花（制）、木蝴蝶、地黄、板蓝根、青果、蝉蜕、薄荷油。辅料为：硬脂酸镁、蔗糖、滑石粉、明胶。

【性状】本品为糖衣片；除去糖衣后显棕褐色；微苦、辛。

【功能主治】养阴润肺，清热解毒，清利咽喉，镇咳止痒。用于慢性咽炎引起的咽干，咽痒，刺激性咳嗽。

【规格】片芯重×克。

【用法用量】口服，一次×片，一日3次。

【不良反应】尚不明确。

【禁忌】尚不明确。

【注意事项】

1. 忌辛辣、鱼腥食物。

2. 孕妇慎用。

3. 服药七天后症状无改善，或出现其他症状，应去医院就诊。

4. 按照用法用量服用，儿童应在医师指导下服用。

5. 对本品过敏者禁用，过敏体质者慎用。

6. 本品性状发生改变时禁止使用。

7. 儿童必须在成人监护下使用。

8. 请将本品放在儿童不能接触的地方。

9. 如正在使用其他药品，使用本品前请咨询医师或药师。

【药物相互作用】如与其他药物同时使用可能会发生药物相互作用，详情请咨询医师或药师。

【贮藏】密封

【包装】铝塑泡罩包装；12 片/板 ×2 板/盒。

【有效期】36 个月

【执行标准】国家食品药品监督管理总局国家药品标准 WS3-B-0331-90-15

【批准文号】国药准字××××××

【生产企业】

企业名称：×××责任有限公司

生产地址：××省××市×××街××号

邮政编码：××××××

电话号码：××××××

如有问题可与生产企业联系

本章小结

<table>
<tr><th>内容</th><th>知识要点</th></tr>
<tr><td>招标书</td><td>【概念】
招标书是招标人利用投标者之间的竞争，达到优选买主或承包项目、降低标的成本而形成的一种书面文书，是一种告知性文书。
【特点】
1. 竞争性（招标的目的是从诸多投标的竞争者中选择最好的合作者）
2. 公开性（招标书通常要借助媒体公开向社会发布）
3. 规定性（招标书中有许多规定的项目、内容）
【写法】
1. 标题（招标单位＋事由＋文种；事由＋文种；招标单位＋文种；仅由招标文种构成）
2. 正文（引言：写明招标的缘由、目的、依据及招标的项目；主体：详细交代招标的内容、要求及有关事项；结尾：写明招标单位名称、地址、电话、电报、邮政编码等）</td></tr>
<tr><td>投标书</td><td>【概念】
投标书是指投标单位按照招标书的条件和要求，向招标单位提交的报价并填具标单的专用文书。
【特点】
1. 针对性（针对招标单位特定招标工作的具体内容和要求进行写作）
2. 求实性（内容必须真实准确）
3. 合约性（投标书是招投标双方达成合作意向后签订合同的基础文书，具有合约的性质）</td></tr>
</table>

续表

内容	知识要点
投标书	【写法】 1. 标题（文种；投标项目 + 文种；投标单位 + 投标项目 + 文种） 2. 送达单位（投标书所针对的招标单位） 3. 正文（引言：简要说明投标的依据、目的等；主体：要交代清楚投标项目的基本情况，提出完成投标项目所要采取的措施，有的还要附上关于投标单位优势的分析） 4. 结尾（写明投标发出日期、投标单位名称、地址、电话号码、投标单位名称及法人代表名称或姓名，并加盖印章）
合同	【概念】 合同是指民事主体的自然人、法人、其他组织之间设立、变更、终止民事法律关系的协议。 【特点】 1. 合法性（合同的当事人必须具有合法资格，内容和条款应符合法律规定，形式必须规范） 2. 平等性（双方的权利义务关系对等） 3. 约束性（合同受法律保护，当事人违反合同条款要承担违约责任） 【写法】 1. 标题（合同种类；合同标的或经营范围 + 文种；签约时间 + 文种；签约主体 + 文种；综合以上几种要素的写法） 2. 约首（包括合同编号、当事人名称、签约时间、签约地点等） 3. 正文（引言：要写出订立合同的目的、依据等；主体：合同的基本条款，一般包括八项条款，即当事人的姓名或者名称，标的，数量，质量，价款或者报酬，履行期限、地点和方式，违约责任，解决争议的方法） 4. 约尾（相关的必要说明和落款）
医药说明书	【概念】 医药说明书是用简洁、直白的语言向消费者介绍药品或医疗器械的名称、性能、特点、使用方法、注意事项等内容的一种应用文。 【特点】 1. 实用性（旨在让消费者在使用产品之前了解产品的特征、性能和使用方法） 2. 真实性（涉及使用者的人身安全，其对产品的说明必须真实、准确） 3. 通俗性（为了使广大消费者都能轻易读懂医药说明书的内容，在撰写时必须通俗易懂、言简意明） 【写法】 1. 标题（直接写产品名称；产品名称或说明对象 + 文种；使用对象 + 产品名称或说明对象 + 文种） 2. 正文（药品说明书的正文主要包括药品名称、成分、性状、功能主治、规格、用法用量、不良反应、禁忌、贮藏方法、有效期、注意事项、产品批号等；医疗器械说明书的正文主要包括产品的构成、型号、功能、使用方法、保养维护、注意事项等） 3. 落款（一般包括生产企业名称、地址、联系方式等）

题库

习题

【单选题】

1. 投标书的结构通常由标题、（　）、正文、结尾四部分构成

A. 送达单位　　B. 引言

C. 主体　　D. 发文机关

2. 合同的正文通常由引言和（　）两部分构成

A. 送达机关　　B. 标题

C. 主体　　D 发文机关

3. 医药说明书应使用简洁、（　）、通俗的语言

A. 准确　　B. 委婉含蓄

C. 专业术语　　D. 词不达意

【多选题】

4. 招标书的特点有（　）

A. 竞争性　　B. 规定性

C. 公开性　　D. 针对性

5. 招标书的正文包括（　）几个要素

A. 引言　　B. 主送机关

C. 主体　　D. 结尾

6. 下列属于合同主要条款的是（　）

A. 标的　　B. 数量和质量

C. 价款和酬金　　D. 履行的地点、期限和方式

7. 合同书一般由（　）构成

A. 标题　　B. 约首

C. 正文　　D. 约尾

8. 医药说明书的特点有（　）

A. 实用性　　B. 真实性

C. 通俗性　　D. 广泛性

9. 医药说明书的格式包括（　）几个要素

A. 标题　　B. 主送机关

C. 正文　　D. 落款

【简答题】

1. 招标书正文的主体部分应写明哪些内容？

2. 医药说明书的写作要求有哪些？

【写作题】

根据以下材料，拟写一份合同书。

深圳A医院拟从韩国C公司采购5种医疗器械产品。请虚拟条款，采用表格和条款结合的方式，替深圳A医院拟写一份采购合同。要求条款齐全，格式正确，表达明确严谨。

附录一　党政机关公文处理工作条例

（中办发〔2012〕14号）

第一章　总　则

第一条　为了适应中国共产党机关和国家行政机关（以下简称党政机关）工作需要，推进党政机关公文处理工作科学化、制度化、规范化，制定本条例。

第二条　本条例适用于各级党政机关公文处理工作。

第三条　党政机关公文是党政机关实施领导、履行职能、处理公务的具有特定效力和规范体式的文书，是传达贯彻党和国家方针政策，公布法规和规章，指导、布置和商洽工作，请示和答复问题，报告、通报和交流情况等的重要工具。

第四条　公文处理工作是指公文拟制、办理、管理等一系列相互关联、衔接有序的工作。

第五条　公文处理工作应当坚持实事求是、准确规范、精简高效、安全保密的原则。

第六条　各级党政机关应当高度重视公文处理工作，加强组织领导，强化队伍建设，设立文秘部门或者由专人负责公文处理工作。

第七条　各级党政机关办公厅（室）主管本机关的公文处理工作，并对下级机关的公文处理工作进行业务指导和督促检查。

第二章　公文种类

第八条　公文种类主要有：

（一）决议。适用于会议讨论通过的重大决策事项。

（二）决定。适用于对重要事项作出决策和部署、奖惩有关单位和人员、变更或者撤销下级机关不适当的决定事项。

（三）命令（令）。适用于公布行政法规和规章、宣布施行重大强制性措施、批准授予和晋升衔级、嘉奖有关单位和人员。

（四）公报。适用于公布重要决定或者重大事项。

（五）公告。适用于向国内外宣布重要事项或者法定事项。

（六）通告。适用于在一定范围内公布应当遵守或者周知的事项。

（七）意见。适用于对重要问题提出见解和处理办法。

（八）通知。适用于发布、传达要求下级机关执行和有关单位周知或者执行的事项，批转、转发公文。

（九）通报。适用于表彰先进、批评错误、传达重要精神和告知重要情况。

（十）报告。适用于向上级机关汇报工作、反映情况，回复上级机关的询问。

（十一）请示。适用于向上级机关请求指示、批准。

（十二）批复。适用于答复下级机关请示事项。

（十三）议案。适用于各级人民政府按照法律程序向同级人民代表大会或者人民代表大会常务委员会提请审议事项。

（十四）函。适用于不相隶属机关之间商洽工作、询问和答复问题、请求批准和答复审批事项。

（十五）纪要。适用于记载会议主要情况和议定事项。

第三章　公文格式

第九条　公文一般由份号、密级和保密期限、紧急程度、发文机关标志、发文字号、签发人、标题、主送机关、正文、附件说明、发文机关署名、成文日期、印章、附注、附件、抄送机关、印发机关和印发日期、页码等组成。

（一）份号。公文印制份数的顺序号。涉密公文应当标注份号。

（二）密级和保密期限。公文的秘密等级和保密的期限。涉密公文应当根据涉密程度分别标注“绝密”“机密”“秘密”和保密期限。

（三）紧急程度。公文送达和办理的时限要求。根据紧急程度，紧急公文应当分别标注“特急”“加急”，电报应当分别标注“特提”“特急”“加急”“平急”。

（四）发文机关标志。由发文机关全称或者规范化简称加“文件”二字组成，也可以使用发文机关全称或者规范化简称。联合行文时，发文机关标志可以并用联合发文机关名称，也可以单独用主办机关名称。

（五）发文字号。由发文机关代字、年份、发文顺序号组成。联合行文时，使用主办机关的发文字号。

（六）签发人。上行文应当标注签发人姓名。

（七）标题。由发文机关名称、事由和文种组成。

（八）主送机关。公文的主要受理机关，应当使用机关全称、规范化简称或者同类型机关统称。

（九）正文。公文的主体，用来表述公文的内容。

（十）附件说明。公文附件的顺序号和名称。

（十一）发文机关署名。署发文机关全称或者规范化简称。

（十二）成文日期。署会议通过或者发文机关负责人签发的日期。联合行文时，署最后签发机关负责人签发的日期。

（十三）印章。公文中有发文机关署名的，应当加盖发文机关印章，并与署名机关相符。有特定发文机关标志的普发性公文和电报可以不加盖印章。

（十四）附注。公文印发传达范围等需要说明的事项。

（十五）附件。公文正文的说明、补充或者参考资料。

（十六）抄送机关。除主送机关外需要执行或者知晓公文内容的其他机关，应当使用机关全称、规范化简称或者同类型机关统称。

（十七）印发机关和印发日期。公文的送印机关和送印日期。

第十条　公文的版式按照《党政机关公文格式》国家标准执行。

第十一条　公文使用的汉字、数字、外文字符、计量单位和标点符号等，按照有关国家标准和规定执行。民族自治地方的公文，可以并用汉字和当地通用的少数民族文字。

第十二条　公文用纸幅面采用国际标准 A4 型。特殊形式的公文用纸幅面，根据实际需要确定。

第四章　行文规则

第十三条　行文应当确有必要，讲求实效，注重针对性和可操作性。

第十四条　行文关系根据隶属关系和职权范围确定。一般不得越级行文，特殊情况需要越级行文的，应当同时抄送被越过的机关。

第十五条　向上级机关行文，应当遵循以下规则：

（一）原则上主送一个上级机关，根据需要同时抄送相关上级机关和同级机关，不抄送下级机关。

（二）党委、政府的部门向上级主管部门请示、报告重大事项，应当经本级党委、政府同意或者授权；属于部门职权范围内的事项应当直接报送上级主管部门。

（三）下级机关的请示事项，如需以本机关名义向上级机关请示，应当提出倾向性意见后上报，不得原文转报上级机关。

（四）请示应当一文一事。不得在报告等非请示性公文中夹带请示事项。

（五）除上级机关负责人直接交办事项外，不得以本机关名义向上级机关负责人报送公文，不得以本机关负责人名义向上级机关报送公文。

（六）受双重领导的机关向一个上级机关行文，必要时抄送另一个上级机关。

第十六条　向下级机关行文，应当遵循以下规则：

（一）主送受理机关，根据需要抄送相关机关。重要行文应当同时抄送发文机关的直接上级机关。

（二）党委、政府的办公厅（室）根据本级党委、政府授权，可以向下级党委、政府行文，其他部门和单位不得向下级党委、政府发布指令性公文或者在公文中向下级党委、政府提出指令性要求。需经政府审批的具体事项，经政府同意后可以由政府职能部门行文，文中须注明已经政府同意。

（三）党委、政府的部门在各自职权范围内可以向下级党委、政府的相关部门行文。

（四）涉及多个部门职权范围内的事务，部门之间未协商一致的，不得向下行文；擅自行文的，上级机关应当责令其纠正或者撤销。

（五）上级机关向受双重领导的下级机关行文，必要时抄送该下级机关的另一个上级机关。

第十七条　同级党政机关、党政机关与其他同级机关必要时可以联合行文。属于党委、政府各自职权范围内的工作，不得联合行文。党委、政府的部门依据职权可以相互行文。部门内设机构除办公厅（室）外不得对外正式行文。

第五章　公文拟制

第十八条　公文拟制包括公文的起草、审核、签发等程序。

第十九条　公文起草应当做到：

（一）符合国家法律法规和党的路线方针政策，完整准确体现发文机关意图，并同现行有关公文相衔接。

（二）一切从实际出发，分析问题实事求是，所提政策措施和办法切实可行。

（三）内容简洁，主题突出，观点鲜明，结构严谨，表述准确，文字精炼。

（四）文种正确，格式规范。

（五）深入调查研究，充分进行论证，广泛听取意见。

（六）公文涉及其他地区或者部门职权范围内的事项，起草单位必须征求相关地区或者部门意见，力求达成一致。

（七）机关负责人应当主持、指导重要公文起草工作。

第二十条 公文文稿签发前，应当由发文机关办公厅（室）进行审核。审核的重点是：

（一）行文理由是否充分，行文依据是否准确。

（二）内容是否符合国家法律法规和党的路线方针政策；是否完整准确体现发文机关意图；是否同现行有关公文相衔接；所提政策措施和办法是否切实可行。

（三）涉及有关地区或者部门职权范围内的事项是否经过充分协商并达成一致意见。

（四）文种是否正确，格式是否规范；人名、地名、时间、数字、段落顺序、引文等是否准确；文字、数字、计量单位和标点符号等用法是否规范。

（五）其他内容是否符合公文起草的有关要求。

需要发文机关审议的重要公文文稿，审议前由发文机关办公厅（室）进行初核。

第二十一条 经审核不宜发文的公文文稿，应当退回起草单位并说明理由；符合发文条件但内容需作进一步研究和修改的，由起草单位修改后重新报送。

第二十二条 公文应当经本机关负责人审批签发。重要公文和上行文由机关主要负责人签发。党委、政府的办公厅（室）根据党委、政府授权制发的公文，由受权机关主要负责人签发或者按照有关规定签发。签发人签发公文，应当签署意见、姓名和完整日期；圈阅或者签名的，视为同意。联合发文由所有联署机关的负责人会签。

第六章　公文办理

第二十三条 公文办理包括收文办理、发文办理和整理归档。

第二十四条 收文办理主要程序是：

（一）签收。对收到的公文应当逐件清点，核对无误后签字或者盖章，并注明签收时间。

（二）登记。对公文的主要信息和办理情况应当详细记载。

（三）初审。对收到的公文应当进行初审。初审的重点：是否应当由本机关办理，是否符合行文规则，文种、格式是否符合要求，涉及其他地区或者部门职权范围内的事项是否已经协商、会签，是否符合公文起草的其他要求。经初审不符合规定的公文，应当及时退回来文单位并说明理由。

（四）承办。阅知性公文应当根据公文内容、要求和工作需要确定范围后分送。批办性公文应当提出拟办意见报本机关负责人批示或者转有关部门办理；需要两个以上部门办理的，应当明确主办部门。紧急公文应当明确办理时限。承办部门对交办的公文应当及时办理，有明确办理时限要求的应当在规定时限内办理完毕。

（五）传阅。根据领导批示和工作需要将公文及时送传阅对象阅知或者批示。办理公文传阅应当随时掌握公文去向，不得漏传、误传、延误。

（六）催办。及时了解掌握公文的办理进展情况，督促承办部门按期办结。紧急公文或者重要公文应当由专人负责催办。

（七）答复。公文的办理结果应当及时答复来文单位，并根据需要告知相关单位。

第二十五条　发文办理主要程序是：

（一）复核。已经发文机关负责人签批的公文，印发前应当对公文的审批手续、内容、文种、格式等进行复核；需作实质性修改的，应当报原签批人复审。

（二）登记。对复核后的公文，应当确定发文字号、分送范围和印制份数并详细记载。

（三）印制。公文印制必须确保质量和时效。涉密公文应当在符合保密要求的场所印制。

（四）核发。公文印制完毕，应当对公文的文字、格式和印刷质量进行检查后分发。

第二十六条　涉密公文应当通过机要交通、邮政机要通信、城市机要文件交换站或者收发件机关机要收发人员进行传递，通过密码电报或者符合国家保密规定的计算机信息系统进行传输。

第二十七条　需要归档的公文及有关材料，应当根据有关档案法律法规以及机关档案管理规定，及时收集齐全、整理归档。两个以上机关联合办理的公文，原件由主办机关归档，相关机关保存复制件。机关负责人兼任其他机关职务的，在履行所兼职务过程中形成的公文，由其兼职机关归档。

第七章　公文管理

第二十八条　各级党政机关应当建立健全本机关公文管理制度，确保管理严格规范，充分发挥公文效用。

第二十九条　党政机关公文由文秘部门或者专人统一管理。设立党委（党组）的县级以上单位应当建立机要保密室和机要阅文室，并按照有关保密规定配备工作人员和必要的安全保密设施设备。

第三十条　公文确定密级前，应当按照拟定的密级先行采取保密措施。确定密级后，应当按照所定密级严格管理。绝密级公文应当由专人管理。

公文的密级需要变更或者解除的，由原确定密级的机关或者其上级机关决定。

第三十一条　公文的印发传达范围应当按照发文机关的要求执行；需要变更的，应当经发文机关批准。

涉密公文公开发布前应当履行解密程序。公开发布的时间、形式和渠道，由发文机关确定。

经批准公开发布的公文，同发文机关正式印发的公文具有同等效力。

第三十二条　复制、汇编机密级、秘密级公文，应当符合有关规定并经本机关负责人批准。绝密级公文一般不得复制、汇编，确有工作需要的，应当经发文机关或者其上级机关批准。复制、汇编的公文视同原件管理。

复制件应当加盖复制机关戳记。翻印件应当注明翻印的机关名称、日期。汇编本的密级按照编入公文的最高密级标注。

第三十三条　公文的撤销和废止，由发文机关、上级机关或者权力机关根据职权范围和有关法律法规决定。公文被撤销的，视为自始无效；公文被废止的，视为自废止之日起失效。

第三十四条　涉密公文应当按照发文机关的要求和有关规定进行清退或者销毁。

第三十五条　不具备归档和保存价值的公文，经批准后可以销毁。销毁涉密公文必须严格按照有关规定履行审批登记手续，确保不丢失、不漏销。个人不得私自销毁、留存涉密公文。

第三十六条　机关合并时，全部公文应当随之合并管理；机关撤销时，需要归档的公文经整理后按照有关规定移交档案管理部门。

工作人员离岗离职时，所在机关应当督促其将暂存、借用的公文按照有关规定移交、清退。

第三十七条 新设立的机关应当向本级党委、政府的办公厅（室）提出发文立户申请。经审查符合条件的，列为发文单位，机关合并或者撤销时，相应进行调整。

第八章 附 则

第三十八条 党政机关公文含电子公文。电子公文处理工作的具体办法另行制定。

第三十九条 法规、规章方面的公文，依照有关规定处理。外事方面的公文，依照外事主管部门的有关规定处理。

第四十条 其他机关和单位的公文处理工作，可以参照本条例执行。

第四十一条 本条例由中共中央办公厅、国务院办公厅负责解释。

第四十二条 本条例自2012年7月1日起施行。1996年5月3日中共中央办公厅发布的《中国共产党机关公文处理条例》和2000年8月24日国务院发布的《国家行政机关公文处理办法》停止执行。

附录二　党政机关公文格式

（GB/T 9704—2012）

1　范围

本标准规定了党政机关公文通用的纸张要求、排版和印制装订要求、公文格式各要素的编排规则，并给出了公文的式样。

本标准适用于各级党政机关制发的公文。其他机关和单位的公文可以参照执行。

使用少数民族文字印制的公文，其用纸、幅面尺寸及版面、印制等要求按照本标准执行，其余可以参照本标准并按照有关规定执行。

2　规范性引用文件

下列文件对于本标准的应用是必不可少的。凡是注日期的引用文件，仅所注日期的版本适用于本标准。凡是不注日期的引用文件，其最新版本（包括所有的修改单）适用于本标准。

GB/T 148 印刷、书写和绘图纸幅面尺寸

GB 3100 国际单位制及其应用

GB 3101 有关量、单位和符号的一般原则

GB 3102（所有部分）量和单位

GB/T 15834 标点符号用法

GB/T 15835 出版物上数字用法

3　术语和定义

下列术语和定义适用于本标准。

3.1　字　word

标示公文中横向距离的长度单位。在本标准中，一字指一个汉字宽度的距离。

3.2　行　line

标示公文中纵向距离的长度单位。在本标准中，一行指一个汉字的高度加3号汉字高度的7/8的距离。

4　公文用纸主要技术指标

公文用纸一般使用纸张定量为$60g/m^2$ ~ $80g/m^2$的胶版印刷纸或复印纸。纸张白度80% ~ 90%，横向耐折度≥15次，不透明度≥85%，pH值为7.5 ~ 9.5。

5　公文用纸幅面尺寸及版面要求

5.1　幅面尺寸

公文用纸采用GB/T 148中规定的A4型纸，其成品幅面尺寸为：210mm × 297mm。

5.2　版面

5.2.1　页边与版心尺寸

公文用纸天头（上白边）为37mm±1mm，公文用纸订口（左白边）为28mm±1mm，版心尺寸为156mm×225mm。

5.2.2　字体和字号

如无特殊说明，公文格式各要素一般用3号仿宋体字。特定情况可以作适当调整。

5.2.3　行数和字数

一般每面排22行，每行排28个字，并撑满版心。特定情况可以作适当调整。

5.2.4　文字的颜色

如无特殊说明，公文中文字的颜色均为黑色。

6　印制装订要求

6.1　制版要求

版面干净无底灰，字迹清楚无断划，尺寸标准，版心不斜，误差不超过1mm。

6.2　印刷要求

双面印刷；页码套正，两面误差不超过2mm。黑色油墨应当达到色谱所标BL100%，红色油墨应当达到色谱所标Y80%、M80%。印品着墨实、均匀；字面不花、不白、无断划。

6.3　装订要求

公文应当左侧装订，不掉页，两页页码之间误差不超过4mm，裁切后的成品尺寸允许误差±2mm，四角成90°，无毛茬或缺损。

骑马订或平订的公文应当：

a）订位为两钉外订眼距版面上下边缘各70mm处，允许误差±4mm；

b）无坏钉、漏钉、重钉，钉脚平伏牢固；

c）骑马订钉锯均订在折缝线上，平订钉锯与书脊间的距离为3mm~5mm。

包本装订公文的封皮（封面、书脊、封底）与书芯应吻合、包紧、包平、不脱落。

7　公文格式各要素编排规则

7.1　公文格式各要素的划分

本标准将版心内的公文格式各要素划分为版头、主体、版记三部分。公文首页红色分隔线以上的部分称为版头；公文首页红色分隔线（不含）以下、公文末页首条分隔线（不含）以上的部分称为主体；公文末页首条分隔线以下、末条分隔线以上的部分称为版记。页码位于版心外。

7.2　版头

7.2.1　份号

如需标注份号，一般用6位3号阿拉伯数字，顶格编排在版心左上角第一行。

7.2.2　密级和保密期限

如需标注密级和保密期限，一般用3号黑体字，顶格编排在版心左上角第二行；保密期限中的数字用阿拉伯数字标注。

7.2.3　紧急程度

如需标注紧急程度，一般用3号黑体字，顶格编排在版心左上角；如需同时标注份号、密级和保密期限、紧急程度，按照份号、密级和保密期限、紧急程度的顺序自上而下分行排列。

7.2.4　发文机关标志

由发文机关全称或者规范化简称加“文件”二字组成，也可以使用发文机关全称或者规范化简称。

发文机关标志居中排布，上边缘至版心上边缘为35mm，推荐使用小标宋体字，颜色为红色，以醒目、美观、庄重为原则。

联合行文时，如需同时标注联署发文机关名称，一般应当将主办机关名称排列在前；如有“文件”二字，应当置于发文机关名称右侧，以联署发文机关名称为准上下居中排布。

7.2.5　发文字号

编排在发文机关标志下空二行位置，居中排布。年份、发文顺序号用阿拉伯数字标注；年份应标全称，用六角括号“〔　〕”括入；发文顺序号不加“第”字，不编虚位（即1不编为01），在阿拉伯数字后加“号”字。

上行文的发文字号居左空一字编排，与最后一个签发人姓名处在同一行。

7.2.6　签发人

由“签发人”三字加全角冒号和签发人姓名组成，居右空一字，编排在发文机关标志下空二行位置。“签发人”三字用3号仿宋体字，签发人姓名用3号楷体字。

如有多个签发人，签发人姓名按照发文机关的排列顺序从左到右、自上而下依次均匀编排，一般每行排两个姓名，回行时与上一行第一个签发人姓名对齐。

7.2.7　版头中的分隔线

发文字号之下4mm处居中印一条与版心等宽的红色分隔线。

7.3　主体

7.3.1　标题

一般用2号小标宋体字，编排于红色分隔线下空二行位置，分一行或多行居中排布；回行时，要做到词意完整，排列对称，长短适宜，间距恰当，标题排列应当使用梯形或菱形。

7.3.2　主送机关

编排于标题下空一行位置，居左顶格，回行时仍顶格，最后一个机关名称后标全角冒号。如主送机关名称过多导致公文首页不能显示正文时，应当将主送机关名称移至版记，标注方法见7.4.2。

7.3.3　正文

公文首页必须显示正文。一般用3号仿宋体字，编排于主送机关名称下一行，每个自然段左空二字，回行顶格。文中结构层次序数依次可以用“一、”“（一）”“1.”“（1）”标注；一般第一层用黑体字、第二层用楷体字、第三层和第四层用仿宋体字标注。

7.3.4　附件说明

如有附件，在正文下空一行左空二字编排“附件”二字，后标全角冒号和附件名称。如有多个附件，使用阿拉伯数字标注附件顺序号（如“附件：1. ×××××”）；附件名称后不加标点符号。附件名称较长需回行时，应当与上一行附件名称的首字对齐。

7.3.5　发文机关署名、成文日期和印章

7.3.5.1　加盖印章的公文

成文日期一般右空四字编排，印章用红色，不得出现空白印章。

单一机关行文时，一般在成文日期之上、以成文日期为准居中编排发文机关署名，印章端

正、居中下压发文机关署名和成文日期，使发文机关署名和成文日期居印章中心偏下位置，印章顶端应当上距正文（或附件说明）一行之内。

联合行文时，一般将各发文机关署名按照发文机关顺序整齐排列在相应位置，并将印章一一对应、端正、居中下压发文机关署名，最后一个印章端正、居中下压发文机关署名和成文日期，印章之间排列整齐、互不相交或相切，每排印章两端不得超出版心，首排印章顶端应当上距正文（或附件说明）一行之内。

7.3.5.2　不加盖印章的公文

单一机关行文时，在正文（或附件说明）下空一行右空二字编排发文机关署名，在发文机关署名下一行编排成文日期，首字比发文机关署名首字右移二字，如成文日期长于发文机关署名，应当使成文日期右空二字编排，并相应增加发文机关署名右空字数。

联合行文时，应当先编排主办机关署名，其余发文机关署名依次向下编排。

7.3.5.3　加盖签发人签名章的公文

单一机关制发的公文加盖签发人签名章时，在正文（或附件说明）下空二行右空四字加盖签发人签名章，签名章左空二字标注签发人职务，以签名章为准上下居中排布。在签发人签名章下空一行右空四字编排成文日期。

联合行文时，应当先编排主办机关签发人职务、签名章，其余机关签发人职务、签名章依次向下编排，与主办机关签发人职务、签名章上下对齐；每行只编排一个机关的签发人职务、签名章；签发人职务应当标注全称。

签名章一般用红色。

7.3.5.4　成文日期中的数字

用阿拉伯数字将年、月、日标全，年份应标全称，月、日不编虚位（即1不编为01）。

7.3.5.5　特殊情况说明

当公文排版后所剩空白处不能容下印章或签发人签名章、成文日期时，可以采取调整行距、字距的措施解决。

7.3.6　附注

如有附注，居左空二字加圆括号编排在成文日期下一行。

7.3.7　附件

附件应当另面编排，并在版记之前，与公文正文一起装订。“附件”二字及附件顺序号用3号黑体字顶格编排在版心左上角第一行。附件标题居中编排在版心第三行。附件顺序号和附件标题应当与附件说明的表述一致。附件格式要求同正文。

如附件与正文不能一起装订，应当在附件左上角第一行顶格编排公文的发文字号并在其后标注“附件”二字及附件顺序号。

7.4　版记

7.4.1　版记中的分隔线

版记中的分隔线与版心等宽，首条分隔线和末条分隔线用粗线（推荐高度为0.35mm），中间的分隔线用细线（推荐高度为0.25mm）。首条分隔线位于版记中第一个要素之上，末条分隔线与公文最后一面的版心下边缘重合。

7.4.2　抄送机关

如有抄送机关，一般用4号仿宋体字，在印发机关和印发日期之上一行、左右各空一字编排。

“抄送”二字后加全角冒号和抄送机关名称，回行时与冒号后的首字对齐，最后一个抄送机关名称后标句号。

如需把主送机关移至版记，除将“抄送”二字改为“主送”外，编排方法同抄送机关。既有主送机关又有抄送机关时，应当将主送机关置于抄送机关之上一行，之间不加分隔线。

7.4.3　印发机关和印发日期

印发机关和印发日期一般用4号仿宋体字，编排在末条分隔线之上，印发机关左空一字，印发日期右空一字，用阿拉伯数字将年、月、日标全，年份应标全称，月、日不编虚位（即1不编为01），后加“印发”二字。

版记中如有其他要素，应当将其与印发机关和印发日期用一条细分隔线隔开。

7.5　页码

一般用4号半角宋体阿拉伯数字，编排在公文版心下边缘之下，数字左右各放一条一字线；一字线上距版心下边缘7mm。单页码居右空一字，双页码居左空一字。公文的版记页前有空白页的，空白页和版记页均不编排页码。公文的附件与正文一起装订时，页码应当连续编排。

8　公文中的横排表格

A4纸型的表格横排时，页码位置与公文其他页码保持一致，单页码表头在订口一边，双页码表头在切口一边。

9　公文中计量单位、标点符号和数字的用法

公文中计量单位的用法应当符合GB 3100、GB 3101和GB 3102（所有部分），标点符号的用法应当符合GB/T 15834，数字用法应当符合GB/T 15835。

10　公文的特定格式

10.1　信函格式

发文机关标志使用发文机关全称或者规范化简称，居中排布，上边缘至上页边为30mm，推荐使用红色小标宋体字。联合行文时，使用主办机关标志。

发文机关标志下4mm处印一条红色双线（上粗下细），距下页边20mm处印一条红色双线（上细下粗），线长均为170mm，居中排布。

如需标注份号、密级和保密期限、紧急程度，应当顶格居版心左边缘编排在第一条红色双线下，按照份号、密级和保密期限、紧急程度的顺序自上而下分行排列，第一个要素与该线的距离为3号汉字高度的7/8。

发文字号顶格居版心右边缘编排在第一条红色双线下，与该线的距离为3号汉字高度的7/8。

标题居中编排，与其上最后一个要素相距二行。

第二条红色双线上一行如有文字，与该线的距离为3号汉字高度的7/8。

首页不显示页码。

版记不加印发机关和印发日期、分隔线，位于公文最后一面版心内最下方。

10.2　命令（令）格式

发文机关标志由发文机关全称加“命令”或“令”字组成，居中排布，上边缘至版心上边缘为20mm，推荐使用红色小标宋体字。

发文机关标志下空二行居中编排令号，令号下空二行编排正文。

签发人职务、签名章和成文日期的编排见7.3.5.3。

10.3　纪要格式

纪要标志由“××××××纪要”组成，居中排布，上边缘至版心上边缘为35mm，推荐使用红色小标宋体字。

标注出席人员名单，一般用3号黑体字，在正文或附件说明下空一行左空二字编排“出席”二字，后标全角冒号，冒号后用3号仿宋体字标注出席人单位、姓名，回行时与冒号后的首字对齐。

标注请假和列席人员名单，除依次另起一行并将“出席”二字改为“请假”或“列席”外，编排方法同出席人员名单。

纪要格式可以根据实际制定。

11　式样

A4型公文用纸页边及版心尺寸见图1；公文首页版式见图2；联合行文公文首页版式1见图3；联合行文公文首页版式2见图4；公文末页版式1见图5；附件说明页版式见图6；带附件公文末页版式见图7；信函格式首页版式见图8；命令（令）格式首页版式见图9。

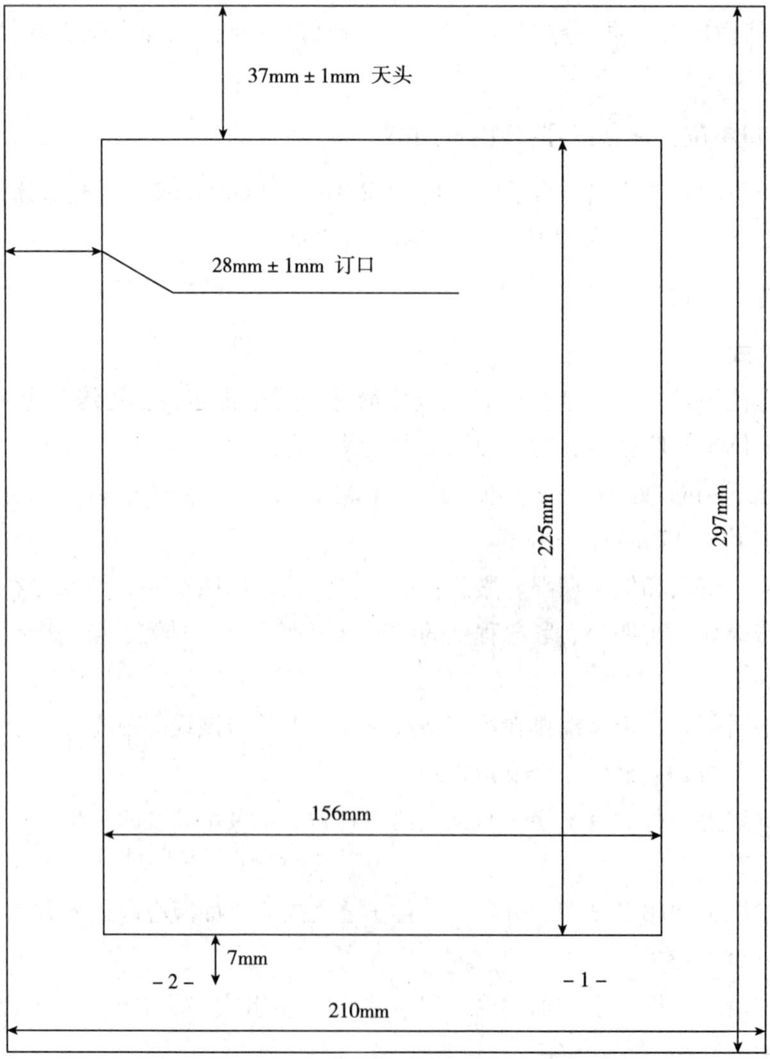

图1　A4型公文用纸页边及版心尺寸

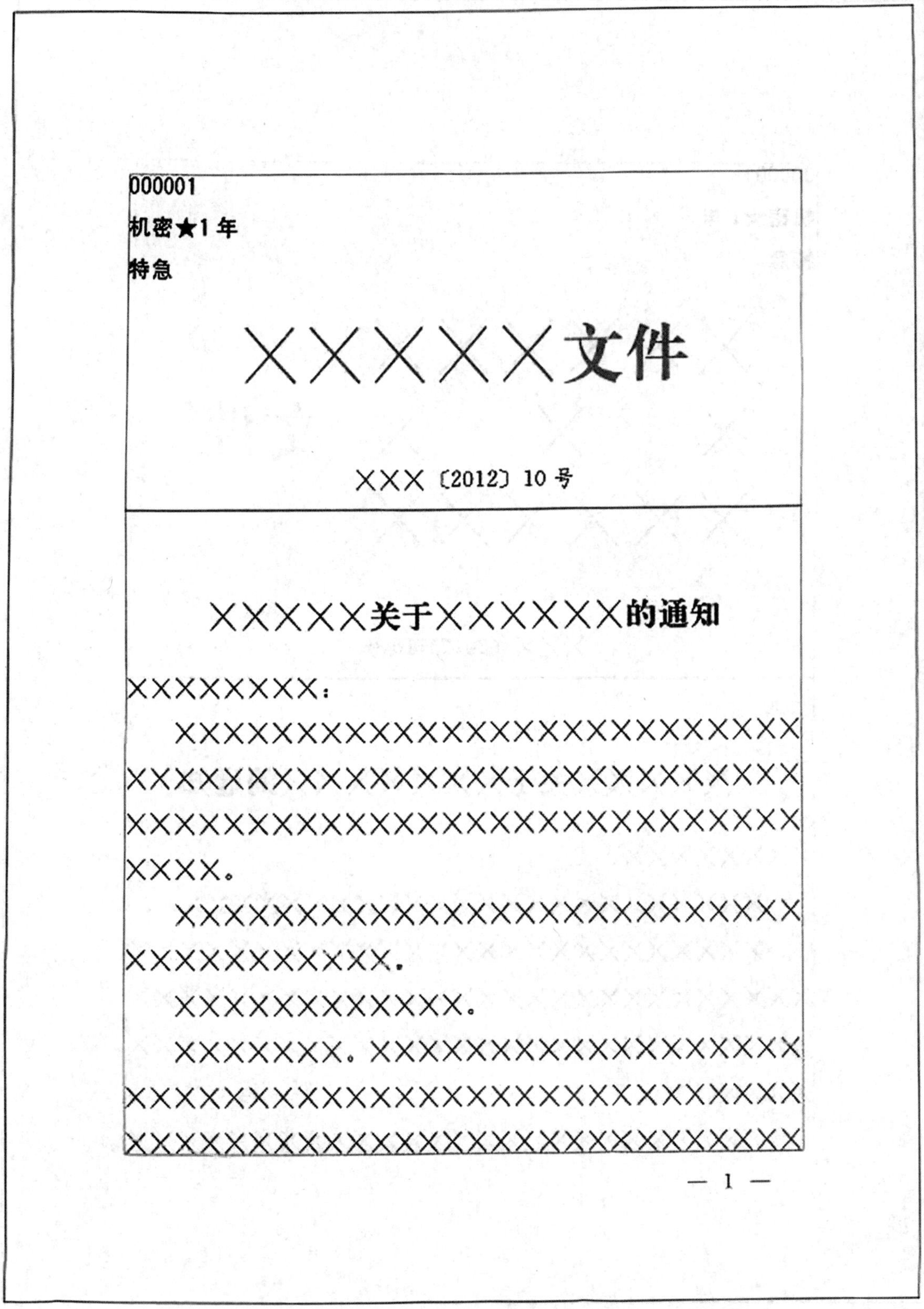

图2　公文首页版式

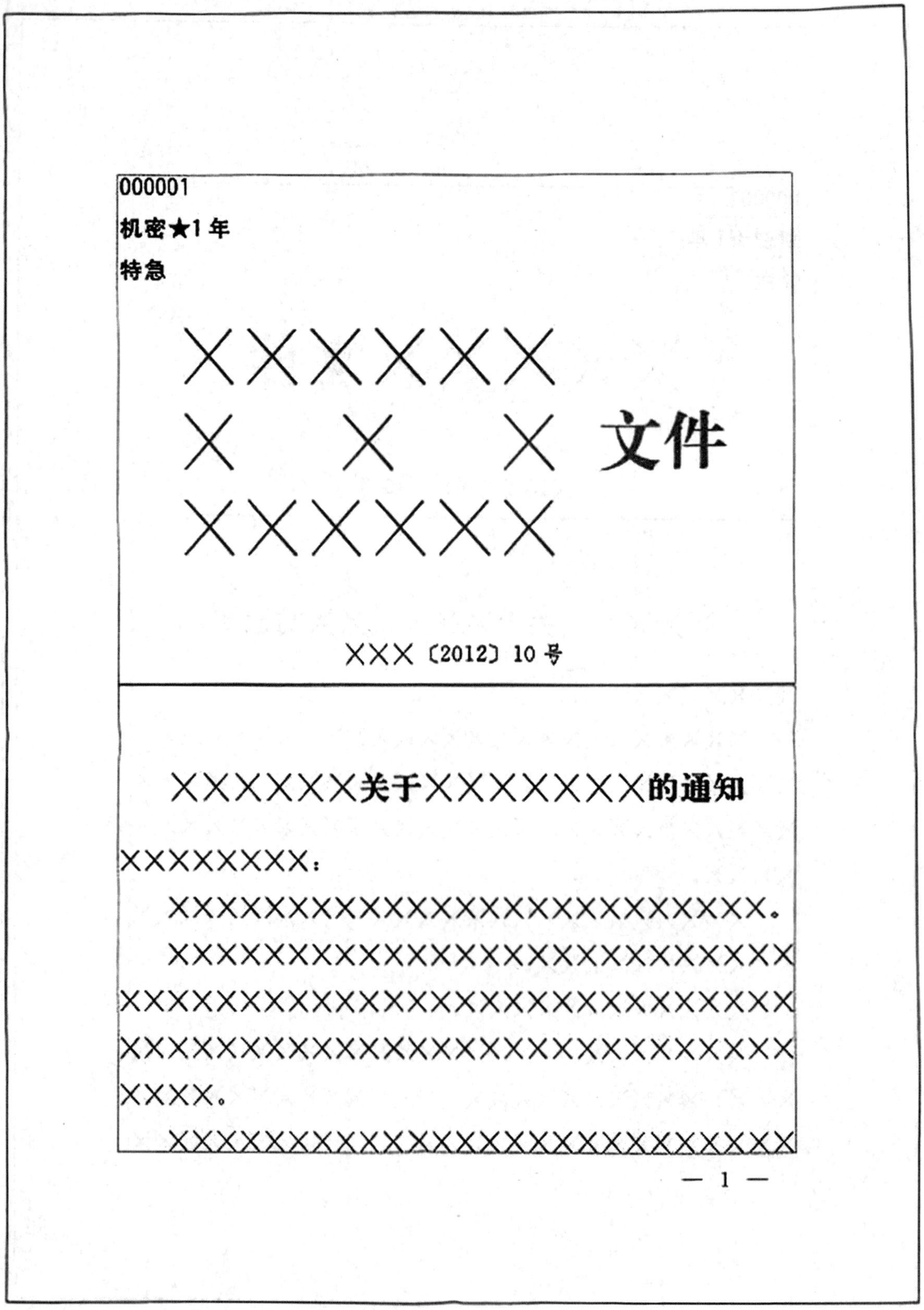

000001

机密★1年

特急

××××××
×　×　× 文件
××××××

×××〔2012〕10号

××××××关于×××××××的通知

××××××××：

××××××××××××××××××××××××××。

×××××××××××××××××××××××××××
××××××××××××××××××××××××××××
××××××××××××××××××××××××××××
××××。

×××××××××××××××××××××××××××

— 1 —

图3　联合行文公文首页版式1

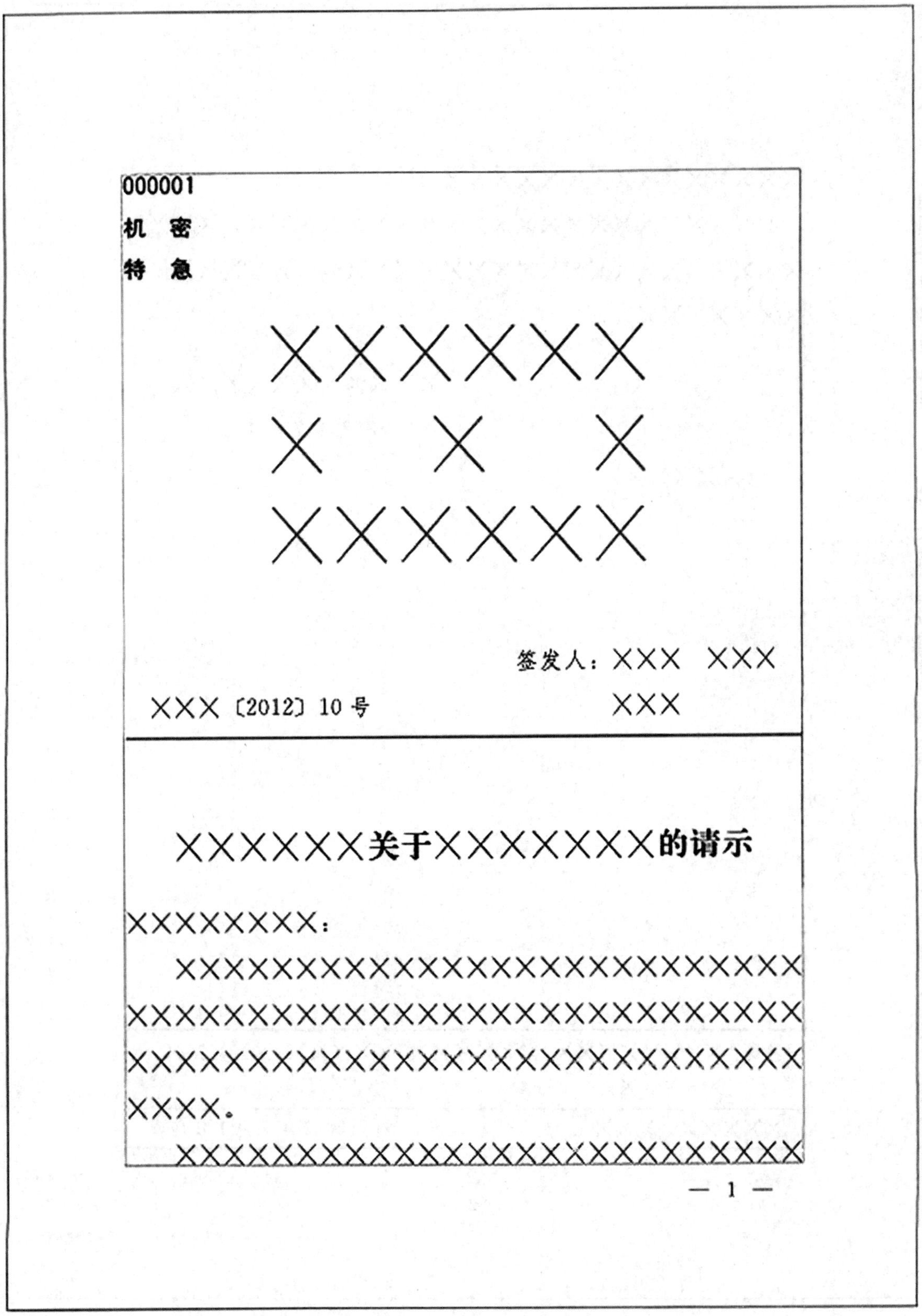

000001

机　密

特　急

XXXXXX

X　X　X

XXXXXX

签发人：XXX　XXX

XXX〔2012〕10 号　　XXX

XXXXXX关于XXXXXXX的请示

XXXXXXXX：

XXXXXXXXXXXXXXXXXXXXXXXXXX
XXXXXXXXXXXXXXXXXXXXXXXXXXXX
XXXXXXXXXXXXXXXXXXXXXXXXXXXX
XXXX。

XXXXXXXXXXXXXXXXXXXXXXXXXX

— 1 —

图 4　联合行文公文首页版式 2

XXXXXXXXXXXXXXX。

XXXXXXXXXXXXXXXXXXXXXXXXXXXXXXXXXXXXXXXXXXXXXXXXXXXXXXX。

XXXXXXXXXXXX

2012年7月1日

（XXXXX）

抄送：XXXXXXXX，XXXXXX，XXXXX，XXXXX，XXXXX。

XXXXXXXXX　　2012年7月1日印发

— 2 —

图5　公文末页版式1

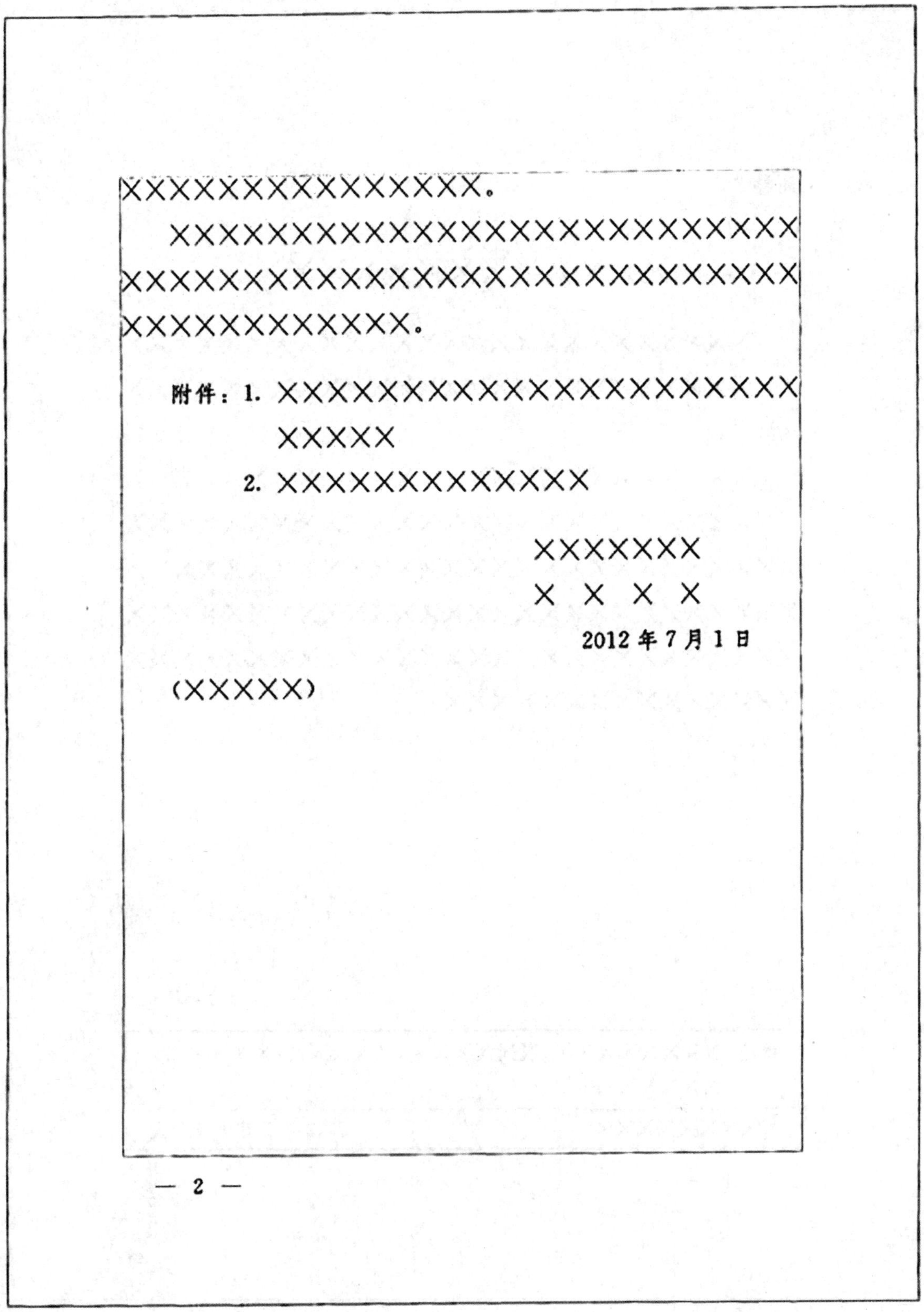

×××××××××××××××。

　　××。

附件：1. ×××××××××××××××××××××××××××××

　　　2. ×××××××××××××

×××××××

×　×　×　×

2012 年 7 月 1 日

（×××××）

— 2 —

图 6　附件说明页版式

附件 2

XXXXXXXXXXXXXX

XXXXXXXXXXXXXXXXXXXXXXXXXXXX XXXXXXXXXXXXXXXXXXXXXXXXXXXXXX XXX。

XXXXXXXXXXXXXXXXXXXXXXXXXXXX XXXXXXXXXXXXXXXXXXXXXXXXXXXXXX XXXXXXXXXXXXXXXXXXXXXXXXXXXXXX XXXXXXXXXXXXXXXXXXXXXXXXXXXXXX XXXXXXXXXXXXXXXXXXXXXXXXXXXXXX XXXXXXXXXXXXXXXX。

抄送：XXXXXXXX，XXXXXX，XXXXX，XXXXX，XXXXX。

XXXXXXXXX　　2012 年 7 月 1 日印发

— 4 —

图 7　带附件公文末页版式

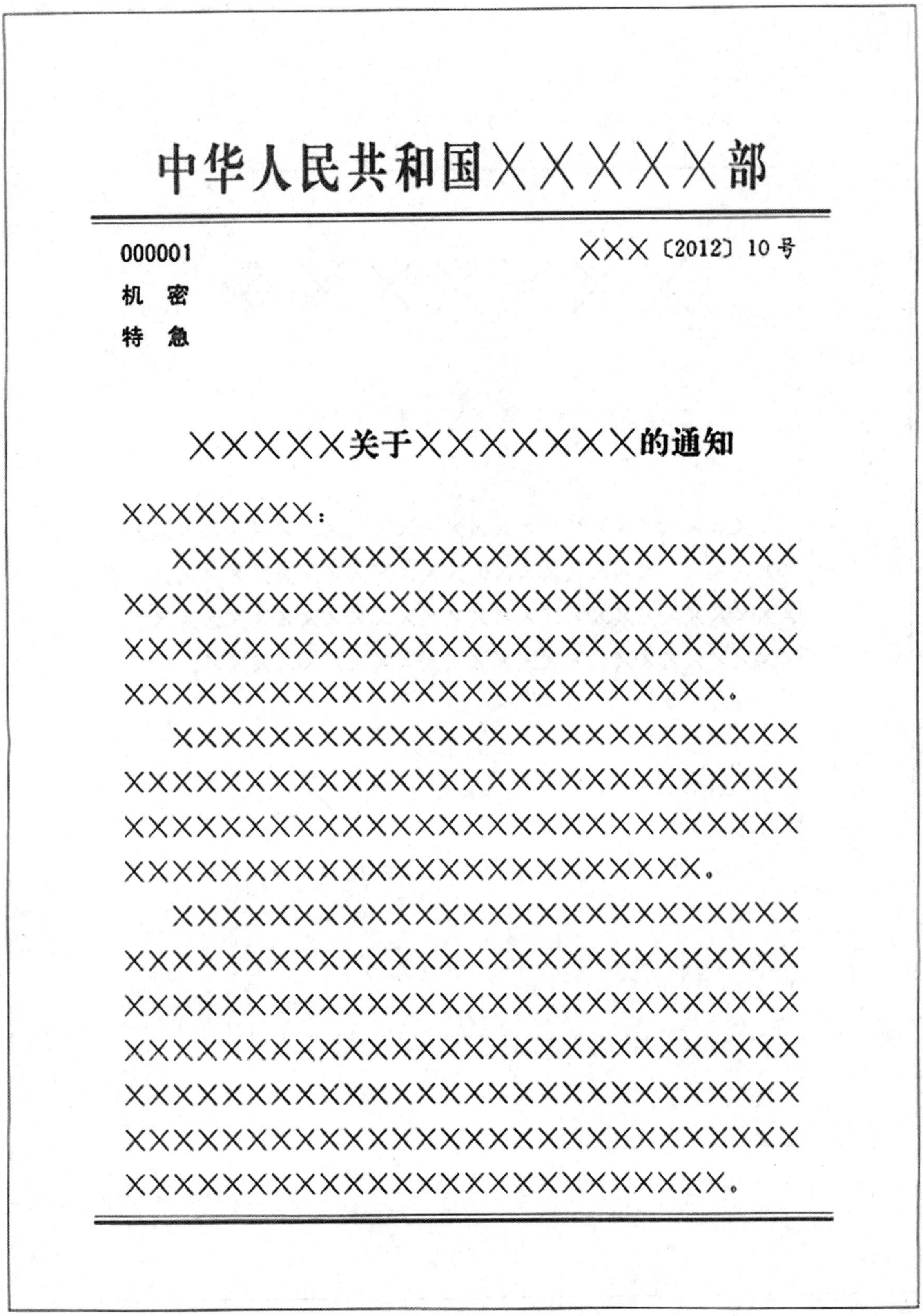
中华人民共和国×××××部

000001 ×××〔2012〕10号

机 密

特 急

×××××关于××××××××的通知

××××××××：

××。

××。

××。

图8 信函格式首页版式

××××××令

第×××号

　　×××××××××××××××××××××××××××
××××××××××××××××××××××××××××。
×××××××××××××××××××××××××××××
××××××××××××××××××××××××××。

部　长　　×××

2012年7月1日

— 1 —

图9　命令（令）格式首页版式

习题参考答案

第一章

1. C　2. A　3. C　4. C　5. B　6. A

7. ABCD　8. ABCD　9. ABCD　10. BC　11. ABCD　12. ABCD　13. ABCD

第二章

1. A　2. B　3. D　4. B　5. D　6. B　7. C　8. A　9. C　10. B　11. C　12. C　13. A

14. ABC　15. ABCD　16. ABC　17. ABCD　18. ABCD　19. ACD　20. ACD　21. ACD

22. ABD　23. BCD　24. ABCD

第三章

1. C　2. C　3. C　4. C　5. C　6. D

7. ABCD　8. ABCD　9. ABCD　10. ACD　11. ABCDEF　12. ABC　13. ABCD　14. ABCD

15. ACD

第四章

1. C　2. C　3. A

4. ABCD　5. ABC　6. ABCD　7. ABCD　8. ABCD　9. ABD

第五章

1. A　2. C　3. A

4. ABC　5. ACD　6. ABCD　7. ABCD　8. ABC　9. ACD

参考文献

[1] 张家恕. 新编应用写作 [M]. 重庆: 重庆大学出版社, 2004.
[2] 刘春梅, 马谊平. 应用文写作 [M]. 北京: 中国科学技术出版社, 2010.
[3] 包红梅. 应用写作 [M]. 天津: 南开大学出版社, 2015.
[4] 程爱旻. 公文写作现用现查 [M]. 北京: 中国盲文出版社, 2002.
[5] 包红梅. 应用写作 [M]. 天津: 南开大学出版社, 2015: 89.
[6] 胡亚学. 合同书写作中常见陷阱的规避方法探析 [J]. 应用写作, 2014 (10): 24-25.